Rizos Neroulos

LES KORAKISTIQUES

texte et traduction

par

P.A. Lascaris

AGON 1928

LES KORAKISTIQUES

Jacques RIZOS NEROULOS

LES KORAKISTIQUES

OU

AMENDEMENT DE LA LANGUE GRECQUE MODERNE

TEXTE ET TRADUCTION

PAR

P.-A. LASCARIS

Docteur ès-Lettres,
Lectrice à l'Institut Néo-Hellénique de la Sorbonne.

PARIS
MAISON D'ÉDITION "AGON"
143, rue d'Alésia, 143
1928

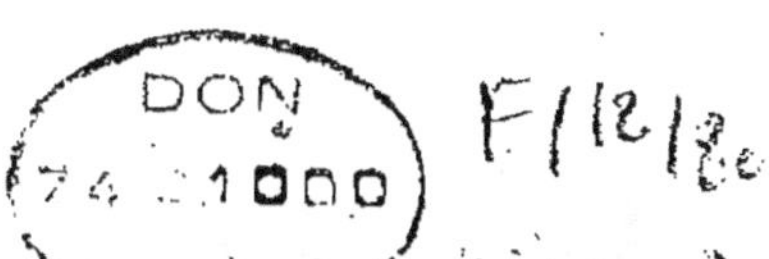

A M. Hubert PERNOT,
Professeur à la Faculté des Lettres.

Hommage de reconnaissance et d'affection
pour toute son activité dè néo-helléniste.

INTRODUCTION

La satire, dans laquelle la fantaisie de Rizos Neroulos a su fixer le côté amusant d'une querelle sur l'amendement de la langue grecque moderne, pourrait servir d'illustration à la thèse bergsonienne du rire. Pour son auteur, elle a été une arme, « l'arme du ridicule » devant « arrêter les progrès d'une épidémie ». (1) Elle est intéressante cependant à d'autres égards, à commencer par la date de sa publication et par tous les faits historiques qu'elle sert à mettre en relief. Composée en effet en 1812 par un Constantinopolitain, un Phanariote, à la fois diplomate, homme du monde et fin lettré et qui avait été premier ministre d'un hospodar de Valachie, elle est dirigée contre les extravagances linguistiques et le manque de goût des Coraïstes et même contre l'artificialisme de Coraïs qui établi en Europe s'efforçait de préparer l'unité nationale par l'éveil intellectuel et l'unification linguistique. Cette comédie donc, tant par la personnalité de son auteur et le milieu social auquel il appartient, que par sa forme littéraire et son contenu, par les personnalités qui s'y mêlent, sans en excepter le très docte *Mercure Savant* (2), symbolise dans son économie des traits qui, de tout temps, ont fait de l'hellenisme « une civilisation », (Meillet) une force constructrice. Nous sommes en effet à Cladoupolis, Brancheville, chez deux savants, réformateurs de la langue, et nous voyons défiler devant nous — parfois même par simple allusion — des personnages appartenant à toutes les parties de ce qui avait été l'Empire

---

(1) Cours de Littérature grecque moderne, p. 124. Genève, 1828.

(2) Journal littéraire et scientifique, paraissant à Vienne, fondé en 1811 et dirigé d'abord par Ghazis, puis, à partir de 1816, par Pharmakidis et Cokinakis.

byzantin — la Grèce. Constantinople, le Phanar, c'est le monde et le parler de la grande ville et des salons ; celui des « honnêtes hommes », fonctionnaires des petites cours moldo-valaques, et de la vie administrative. C'est la centralisation par le Patriarcat ; l' « orthodoxie » pure et simple. Paris, Vienne, le *Mercure Savant* c'est le Grec détaché de son pays d'origine et qui a perdu contact avec les formes du langage naturel. C'est la presse au service des factions, la langue forgée à coups de lexique, le déguisement linguistique. Bref, c'est la science livresque. Chio, Yannina, Chypre, Mytilène, c'est avec cet esprit d'entreprise et d'idéalisme pratique des classes populaires, la décentralisation et l'absence d'éducation littéraire ou mondaine ; la saveur des parlers locaux, le piquant de la fleur sauvage. Voilà déjà trois groupes sociaux et trois modes de pensée et de langage, dont deux systèmes, qui s'opposent l'un à l'autre, tout en restant unis par un fond traditionnel commun. Et voilà aussi, comme chez Molière, des Clitandre, des Martine, des Henriette se heurtant à des Vadius et des Trissotins.

Mais pour comprendre et la fonction sociale d'un rire qui devait châtier le mal, réprimer les excentricités et mettre en relief l'absurdité d'un « amendement » de la langue, pour comprendre surtout la nature de l'idéal qui animait les partis en lutte certaines remarques préliminaires ne seraient pas de trop. Il faudrait se souvenir aussi du rôle qu'avaient joué les lettrés, prélats ou laïques, dans la régénération de la Grèce.

A examiner l'état de culture du peuple grec pendant les quatre siècles de servitude qui se sont écoulés depuis la prise de Constantinople jusqu'à 1821 — date de l'insurrection hellénique — il faut tenir compte du fait que, lorsque deux peuples de culture différente s'affrontent, le niveau auquel se maintient la culture de part et d'autre devient un élément de différenciation et un moyen d'absorbtion. Or la supériorté incontestable de la culture byzantine sur celle des conquérants et le sentiment très vif qu'en avaient les Grecs fit que non seulement il n'y

eut jamais entre Turcs et Grecs de contact moral, mais que ces derniers eurent pour souci perpétuel de maintenir cette différence et de l'accuser ; d'agrandir l'abîme entre vaincus et conquérants. De là cet effort à rendre les éléments en contact de plus en plus inconciliables par la « diffusion des lumières »; de là les écoles secrètes où l'on allait « au clair de la petite lune » et de là ce traditionalisme nostalgique, à la fois salutaire et néfaste, qui devait entretenir l'orgueil d'une race pour en empêcher l'écrasement. Mais de là aussi ce courant contraire et également salutaire qui demandait que, pour l'instruire on parlât au peuple sa langue ; qui voulait que la diffusion des lumières se fît non par la seule conscience d'un passé lourd de gloire mais par le sentiment vif et clair des nécessités du présent. Aussi dans ce mouvement qui eut pour instrument de lutte la langue et qui, surtout dans la période comprise entre 1750 et 1800, prit un caractère de véritable « Aufklärung », il est nécessaire de considérer à côté de la question linguistique, et pour en comprendre la nature, le rôle de deux autres facteurs, à savoir : celui de l'Eglise et celui des particuliers.

Déjà à l'époque byzantine, le clergé avait contribué à l'hellénisation de l'Empire et dès le VIIe siècle l'orthodoxie se confond avec la nationalité (1). Le patriarche de Constantinople qui, depuis la conquête arabe, était chef unique de l'Eglise byzantine, devient, à la chute de Constantinople, le chef de la nation. Il exerce un contrôle sur les écoles, sur les églises qui ont aussi servi d'écoles, et où de pauvres prêtres aidaient le peuple à conserver sa langue; il distribue la justice (2). Grâce à

---

(1) Hesseling. — « La civilisation byzantine, trad. grecque », p. 94, 2e éd. Athènes 1914.

Diehl. — « Histoire de l'Empire byzantin », p. 61. Paris 1919.

(2) Driault et Lhéritier. — « Histoire diplomatique de la Grèce », 3 vol., Paris 1925.

Elefteriadis N. P. — « Etudes orientales » (privilèges du Patriarcat), Smyrne 1880.

Coray. — « Mémoire sur l'état actuel de la civilisation en Grèce », Paris 1803.

cette autorité multiple, qui constituait, à proprement parler, une *unité administrative,* il représente un premier
effort de centralisation dans lequel il fut aidé par les
évêques des provinces subjuguées et plus tard par les
princes de Valachie et de Moldavie et par les com-
munes. C'est ainsi que Gennadius, premier patriarche
après la chute de Constantinople, établit au Phanar, près
de l'Eglise patriarcale, une école, la « Grande Ecole
Nationale », où l'on enseigna la littérature et la philosophie, et une Bibliothèque toutes deux soumises à son
inspection; que Loukaris fonda une imprimerie au Phanar
et fit traduire — à l'exemple de Luther — le Nouveau
Testament en langue vulgaire et que le Mont-Athos et
les monastères devinrent l'asile des savants et des lettrés.
Patriarches et évêques, prêtres et moines, instruisirent
la jeunesse, travaillèrent à maintenir la vitalité de l'hellénisme et, malgré l'ignorance générale du clergé, arri-
vèrent même à répandre des lumières et le goût des lettres sur toutes les provinces qui dépendaient de leur juri-
diction. Aussi le Patriarcat de Constantinople a-t-il fini
par être aux yeux de la nation grecque un foyer et un
symbole, le lien moral des chrétiens que guettaient, soit
la conversion en masse à l'islamisme, soit, faute d'éléments d'assimilation culturelle, des procédés décisifs et
rapides d'extermination (1).

Mais à côté du clergé qui participa ainsi à la régénération intellectuelle et patriotique de la Grèce, en don-
nant à la nation des maîtres, des érudits et des martyrs,
il faut considérer le rôle des particuliers. Ceux-ci dé-
ployèrent également une activité fort multiple, aussi bien
dans le domaine administratif, comme interprètes de la
Porte et hospodars des provinces danubiennes, que dans

---

(1) Chassiotis. — « L'instruction publique chez les Grecs ».
Paris 1881.

Sathas. — « Littérature néo-hellénique » (en grec). Athènes
1868.

Rizos-Neroulos, op. cité.

Villemain. — « Mélanges historiques et littéraires ». Paris 1827.

celui de l'instruction et des lettres, sans oublier le commerce qui devait fournir les moyens économiques d'affranchissement. Et tout d'abord les Phanariotes. On en a beaucoup médit. Coraïs, qui vécut à Paris toute la révolution française, fut même un des premiers à les accabler injustement de son mépris (1). Car ils ne furent point plus astucieux que ne le sont les diplomates modernes, malgré les périls terribles qui les guettaient, à tout moment, dans l'exercice de leurs fonctions. Et si parfois ils se sont complus dans des charges qui exigeaient, en plus du sang-froid, des excès de souplesse, ils demeurèrent toujours fidèles à leur culte et n'ont pas hésité à payer de leur sang l'attachement à leur patrie. Ils ont de plus essayé de gagner des privilèges qui préparaient lentement mais sûrement la renaissance économique et intellectuelle du peuple grec et certes les provinces moldovolaques leur doivent beaucoup de leur relèvement, — en tout cas de leur culture.

Notons, en effet, que ces Phanariotes, descendants des anciennes familles byzantines et qui, de 1661 et 1821, eurent entre leurs mains les grandes fonctions de l'Etat ottoman, étaient gens de fine culture et d'une universalité peu commune (2). Le plus illustre d'entre eux Alexandre Mavrocordato, l'Exaporite (ex aporiton = le conseiller secret) (1641-1709) médecin, érudit et politicien, fut l'homme qui fonda le collège de Patmos ; qui, de 1665 à 1671, dirigea la Grande Ecole Nationale, et qui en 1669 signa le traité de Karlowitz, empêchant ainsi le partage prématuré de la Turquie, qui aurait livré les Grecs à des maîtres nouveaux, capables de les absorber. De même Constantin Mavrocordato, hospodar de Valachie, non seulement abolit l'esclavage dans ces provinces (1736), mais s'occupa d'éclairer le peuple qu'il

---

(1) Coray, op. cité. Voir aussi « Correspondance », éd. Damalas. Athènes 1885. « Lettre à Vamvas », du 20 juillet 1823. « Lettre à Condostavlo », du 20 janvier 1831, du 19 décembre 1831.

(2) Marcellus. — « Episodes littéraires en Orient », 2 vol. Paris 1851.

avait charge de gouverner. Il fit une grammaire valaque,
distribua des copies de l'Ancien et du Nouveau Testament, ordonna que l'Evangile fût lu dans les églises,
encouragea les habitants à étudier leur langue, si bien
qu'en peu d'années les premières classes de la société
surent lire et écrire. Et les écoles et académies grecques
fondées successivement à Bucarest, Jassi et où ensei-
gnèrent Nicéphore Théotokis, Lambros Photiades, Néophyte Doucas, Gennadius, étaient fréquentées par des
Russes, des Polonais, des Circassiens et répandaient la
culture sur le monde de l'orient chrétien (1). Les Phanariotes avaient donc su améliorer le sort de leurs compatriotes et éclairer la nation en faisant d'une part cesser
la dîme terrible des enfants, qui, arrachés à leurs familles,
étaient élevés dans le culte de l'islam et pour le service
de l'Empire ; d'autre part, en obtenant de Selim III
(1789-1807) le droit de fonder des écoles publiques ou-
vertement. Ils furent secondés dans leurs efforts d'affranchissement intellectuel par ces lettrés, cléricaux ou laïques, que l'on a si justement nommés les « Maîtres de la
Nation ». Et, chose étonnante, ce fut, comme dans l'antiquité, l'Ionie, l'Asie Mineure, avec ses collèges floris-
sants de Smyrne, de Patmos, mais surtout de Cydonie et
de Chio, où l'on enseignait même la médecine, qui pré-
luda au mouvement (2).

Mais il n'y eut pas que des écoles. Il y eut des imprimeries, des publications, des journaux, des entreprises
littéraires, des théâtres subventionnés largement par des

---

(1) Legrand. — « Recueil de documents grecs », p. 18, 79, 280
(Bibl. grecque vulgaire, tome VII. Paris 1895.

Wilkinson. — « Tableau historique de la Moldavie et de la Valachie », tr. fr. Paris 1821.

Stourdza. — « L'Europe orientale et le rôle des Maurocordato ».
Paris 1913.

(2) Marcellus. — « Souvenirs de l'Orient ». Paris 1861. — « Les
Grecs anciens et les Grecs modernes ». Paris 1861. — « Episodes
littéraires ».

Chassiottis. — Op. cité.

Coray. — Op. cité.

particuliers (1). Car, il faut bien le dire, idéalisme et réalisme marchèrent de pair. Pour s'affranchir, il fallait s'enrichir et s'instruire, développer l'esprit d'entreprise, rendre les volontés tenaces, tenir l'intelligence en émoi. Et Mercure, ce dieu si réaliste du commerce, se mit toujours et avec une libéralité sans égale, au service de Mercure « le docte », le gracieux ami des Muses et l'émule d'Apollon. L'état de l'Europe — politique russe, ruine de Venise à la fin du XVIIIe siècle, disparition de la marine française du bassin de la Méditerranée — favorisèrent le développement commercial et la prospérité maritime des Grecs. (2) La mer s'ouvrit de nouveau devant eux pour servir de lien entre la Grèce et l'Occident. Il y eut des maisons importantes et des colonies dans les ports de la Méditerranée. Des fortunes avaient été créées. On les mit au service de « l'idée ». On bâtit des écoles, on subventionna des publications. A la faveur de ces progrès et une fois l'élan initial donné, les Mécènes surgissent dans toutes les classes sociales. Les fourreurs de Constantinople entretenaient le collège de Patmos fondé par Mavrocordato. Un négociant privé d'instruction fit les premiers frais du collège de Cydonie. Le Phanariote Constantin Mourouzis léguait à l'école de Constantinople le revenu de trois propriétés. Les frères Zossima, qui avaient doté l'Epire d'écoles et d'hôpitaux, faisaient aussi les frais d'édition à Paris de la « Bibliothèque Hellénique » (classiques grecs). de Coraïs, des œuvres de Bulgaris, de Theotokis. Les frères Darvaris à Vienne faisaient également publier des livres scolaires. Vienne d'ailleurs, grâce à l'amitié austroturque, qui permettait l'entrée en Turquie des publications faites en Autriche, devenait le principal siège de la presse hellénique (3)

(1) Bourdon (G). — « Le théâtre grec moderne », p. 33. Paris 1892.

(2) Rizos Neroulos. — Op. cité.

Pouqueville. — « Voyage dans la Grèce », tome III, p. 489 ; tome V, p. 66. Paris 1821.

(3) Queux de Saint-Hilaire. — « La presse dans la Grèce moderne » (Annuaire des Etudes grecques) 1871.

L'archimandrite Anthimos Ghazis y fondait un journal scientifique et littéraire le *Mercure Savant* que subventionnait, pour la plus grande part la Société du Lycée Grec de Bucarest. De plus, ces colonies d'Occident et de Russie — Marseille, Paris, Livourne, Venise, Padoue, Ancône, Trieste, Vienne, Odessa, Moscou, etc. — qui rappellent l'expansion coloniale des Grecs du VIIIe et du VIIe siècle entretenaient des écoles, des imprimeries, des églises. Venise, célèbre par l'Académie d'Alde Manuce, avait déjà, dès 1537, un collège, et les Chypriotes avaient fondé un Gymnase à Padoue. Toutes, elles déversaient de l'argent, aes livres, des maîtres vers les métropoles (Chio, Yannina, Chypre) attiraient des jeunes gens pour achever leurs études et tenaient l'esprit des Grecs en éveil en activant, avec l'échange des marchandises, la circulation des idées.

En 1751, les Grecs possédaient trente-trois collèges et écoles et pendant les vingt premières années du XIXe siècle, il y eut trois mille ouvrages ou traductions (1). Si bien qu'aux abords de 1821 il ne manquait à l'hellénisme que la Grèce, expression territoriale et géographique d'une conscience nationale qui n'avait pas voulu périr et que la révolte des intelligences, l'infiltration lente mais tenace des lumières avaient toujours tenue dans l'inquiéture et, de concert avec d'autres facteurs, poussaient souvent à l'agitation.

Mais dans quelle langue devait se faire cet enseigne-

---

(1) Rizos Nepoulos. — Op. cité.

Legrand et Pernot. Bibliographie ionienne, 2 vol.

Voir aussi Legrand. Bibliographie hellénique (XVe, XVIe s., 4 vol.).

Legrand et Pernot. — Bibliographie hellénique (XVIIe s., 4 vol.).

Legrand, Petit et Pernot. — Bibliographie hellénique (XVIIIe siècle, 1 vol.).

Le dernier volume de la Bibl. hell. du XVIIIe s. sera prochainement publié par M. Hubert Pernot.

ment d'une disparité si touchante et qui variait selon la
valeur et les études des maîtres au point de comprendre,
dans les lycées, avec Sougdouris et Anthracite les systèmes de Descartes et de Malebranche ; l'algèbre, la phy-
sique, la géométrie, la philosophie de Locke et de Leib-
nitz avec Eugène Bulgaris ; la philologie avec Lambros
Photiades et Néophyte Doucas ; les mathématiques su-
périeures, la Chimie, l'Esthétique et la Métaphysique
kantiennes avec Psallidas à Yannina, sans compter les
langues étrangères et parfois le latin. Ce fut le point
litigieux et le pivot central de toutes les discussions. La
question, d'après ce qui a été dit, était pour les Grecs
plus que littéraire. Littéraire, elle ne pouvait ne pas l'être
chez un peuple à tradition fortement fixée. Mais elle était
aussi d'un intérêt vital et angoissant. Car il ne s'agissait
pas à proprement parler de satisfaire par un art d'écrire
des ambitions esthétiques, de renouveler des formes épui-
sées ou même de savoir à quel public doit s'adresser l'artiste littéraire, l'écrivain : au peuple, comme dans l'antiquité, aux lettrés ou aux cours, comme dans la période
hellénistique. Il fallait d'une part conserver la religion, la
langue, les traditions nationales ; d'autre part, opérer le
réveil intellectuel, toucher le peuple et sonner le clairon
à la manière de Fichte dans ses « Discours à la Nation ».

La langue de l'Eglise, qui servait de centre religieux et
politique, était nécessairement conservatrice. Usant, pour
les écrits officiels, d'un vocabulaire administratif et technique, elle était *vivante,* en un certain sens, pour les prélats et les ecclésiastiques qui vivaient dans l'atmosphère
du Patriarcat, des églises et des couvents. La plupart des
érudits employaient le grec ancien dans leurs ouvrages,
sinon dans leur vie privée. Le peuple usait de parlers
locaux dans les campagnes, et dans les ville d'une langue
où avaient, aussi nécessairement, passé des termes étrangers. Le problème qui se posait, en face de ce morcelle-
ment linguistique, n'était point simple, puisqu'il s'agissait de former une nouvelle Κοινὴ littéraire et de cen-
traliser par la langue ce qui intellectuellement, politique-

ment, socialement avait été désagrégé (1). Rompre avec
le passé était impossible chez un peuple qui subissait les
humiliations les plus accablantes et qui trouvait dans un
orgueil de race, dans l'étude de ce passé, la force de ré-
sister. Et il est difficile de reprocher leur attachement au
grec ancien à ces maîtres, nourris d'antiquité classique et
qui sentaient plus vivement que le peuple l'abîme qui les
en séparait, l'avilissement que produit la servitude. La
pureté, la force, la précision remarquable et l'élégance de
la langue,ce souffle de vie harmonieuse et libre qu'ils res-
piraient, en lisant les auteurs classiques, devaient leur
être d'une grande ressource morale au milieu des cruautés
des Turcs et du mépris injuste des Occidentaux. Leur
répugnance donc à adopter, en écrivant, l'usage vulgaire
ne manquait pas de fondements psychologiques, bien que
le principe en fût faux. Car s'attacher aux forces conser-
vatrices, au point d'oublier que l'instruction était une
arme, et rompre ce front compact que devait présenter à
l'oppresseur l'hellénisme actuel avec ses éléments nouveaux, c'était rejeter la nation entière dans l'histoire
ancienne et ignorer consciemment les faits d'évolution ;
voire même les retarder et les troubler. C'était de plus
manquer étrangement de sens psychologique, étant
donné que la propagande catholique et calviniste s'était
servi et se servait de la langue courante pour se rappro-
cher du peuple dans un but de prosélytisme religieux (2)
Toujours est-il que la question, que Nicolas Sophianos

(1) Meillet. — « Aperçu d'une histoire de la langue grecque »,
2ᵉ éd. Paris 1920.

Pernot. — « D'Homère à nos jours ». Paris 1921.

Psichari. — « Etudes de Philologie néo-grecque », Paris 1892.

Hadzidakis. — « Histoire de la langue grecque » (en grec).
Athènes 1915.

Sophocles. — « Greek lexicon of the Roman and Byzantine Pe-
riods » (Introduction). New-York 1887.

(2) Voir aussi Legrand. — « Recueil de documents grecs » (Bibl.
Grecque vulg., tome VII). Paris 1895.

Voutieridis. — « Histoire de la Littérature grecque moderne »
(en grec), tome I, p. 208. Athènes 1924.

de Corfou fut le premier à poser en termes pratiques et
scientifiques en 1534, prit vers le milieu du XVIIIe siècle et surtout vers le commencement du XIXe, le caractère d'un véritable conflit (1). Ce n'est pas que la ten-
tative de Sophianos de composer une grammaire en grec
vulgaire et de baser l'instruction du peuple sur cet idiome
laissa les érudits d'alors indifférents. Scouphos et Mi-
niatis essayèrent en 1659 d'introduire le grec vulgaire
dans les écoles et il y eut, grâce aussi à l'existence d'une
littérature vulgaire (poèmes prodromiques, cycle acriti-
que, théâtre crétois), à l'influence de la littérature occi-
dentale et à la connaissance du développement des langues romanes, des vulgaristes et des puristes, dès le début. Cependant, plus les intérêts particuliers qui ten-
daient à se fondre ensemble devenaient nombreux et plus
la solidarité se resserrait, et davantage on prenait conscience de la nécessité d'un « outillage », d'une « technique verbale » homogène, capable d'exprimer et de satisfaire l'homogénéité de pensée et de sentiment. C'est
donc au moment où la nation sentit le plus vivement les
destinées nouvelles vers lesquelles elle s'orientait que la
lutte devint plus âpre et que de part et d'autre on com-
battit avec un véritable acharnement. Le grec ancien
comptait parmi ses défenseurs les plus zélés Eugène Bulgaris (1716-1806), le célèbre directeur de l'Académie
Athonienne, Nicéphore Théotokis (1736-1800), professeur à Corfou et à Jassy, Lambros Photiadis (1760-
1845). Moessiodax, directeur du collège de Jassy, en
1769, le jurisconsulte, Démètre Catartzis à Bucarest,
Constantas (1753-1844), son contemporain Philippidis,

______

(1) Therianos. — « Ad. Coraïs », tome II (en grec). Trieste 1890.

Sathas. — « Histoire de la question de la langue » (en grec).
(Parartima). Athènes 1870.

Hadzidakis. — « La question de la langue écrite néo-grecque. »
Athènes 1907.

Roidis Emm. — « Les Idoles » (en grec). ed. Fexis, Athènes
1913.

Krumbacher. — Das Problem der neugriechischen Schriftspra-
che. Munich 1902.

Κορακιστικά   2

traducteur de la Logique de Condillac et de l'Astronomie
de Lalande, se servirent dans leurs écrits et traductions
de la langue vulgaire. Deux poètes, Athanase Christopoulos (1772-1847) et l'Epirote Jean Vilaras (1771-
1823), dont le premier eut aussi beaucoup de succès
auprès des dames à Constantinople, appuyèrent les vulgaristes (1). Christopoulos publia même une grammaire du grec vulgaire. Mais ce fut surtout avec l'entrée en lice de Coraïs et de Codrikas que la discus-
sion, changeant aussi de centre géographique et se trans-
portant à Paris, s'envenima. Elle prit — le terme de Néroulos n'est pas trop fort — le caractère d'une épidémie
qui fit des victimes dans toutes les classes sociales. Et
comme « porteur de microbes », le *Mercure Savant*,
organe officiel des Coraïstes, créé sous l'incitation de
Coraïs, « pour transvaser la science, des têtes savantes
des Occidentaux dans nos caboches d'illetttrés ». (Thè-
rianos II, p. 298) ne fut pas des moins actifs. .

Adamantios Coraïs (Coray), d'origine chiote, était né
à Smyrne, le 27 avril 1748, et c'est là qu'il fit ses premières études (2) Destiné d'abord au commerce, il se
fixa pendant quelques années en Hollande, puis revint
à Smyrne. Mais épris d'indépendance et d'étude qu'il
était, il souffrait cruellement dans son intelligence et
dans son cœur de vivre dans un milieu où sévissait l'inculture et la tyrannie. Il obtint de ses parents la permis-
sion de s'adonner à une carrière libérale et vint en France
en 1782. Il étudia la médecine à Montpellier et se fit

---

(1) Marcellus. — Grecs anciens et Grecs modernes.
Hollands. — Travels in Greece.
Vilaras. — La langue grecque. Corfou 1814.
Triandaphyllidis M. — « Notre langue » (tableaux historiques).
Brochure servant de complément à des cours professés à l'Univer-
sité de Salonique. 1927.
(2) Therianos. — Op. cit. I, p. 106 et suivantes..
Hesseling. — « Histoire de la Littérature grecque moderne »,
trad. fr. N. Pernot. Paris 1924.
Krumbachér. — Die « Evangelische Schule » in Smyrna dans
Populære Aufsætze. Leipzig 1909.

remarquer par une thèse de doctorat « Pyretologiae Synopsis » (1786). Dans une lettre touchante adressée à son ami Démétrius Lotos, Protopsalte (chantre) à l'église Sainte-Fotini, de Smyrne, il lui décrit les succès de la soutenance ; et dans un post-scriptum plein d'humour les visites de remerciements qu'il dut faire à ses professeurs. « Je fis venir d'abord mon perruquier pour mettre en ordre ma coiffure (car il est d'usage de se présenter à la soutenance les boucles déliées et de discuter les cheveux en désordre comme un fou.) » (1) Une autre lettre du 16 août 1787, qu'il signe Coraïs, Docteur en médecine et membre correspondant de l'Académie Royale des Sciences de Montpellier, nous apprend ses nouveaux succès. En 1788, il quitta Montpellier et vint s'établir à Paris (2). « Figure-toi une ville plus grande que Constantinople », écrit-il de nouveau au protopsalte, « renfermant une population de huit cent mille habitants où l'on trouve toute une multitude d'Académies, des bibliothèques publiques, une foule d'hommes savants... où il y a dans les rues autant de monde que le dimanche chez nous au Tristraton (carrefour) de Sainte-Fotini au sortir de l'église... et où les voitures et les piétons courent de droite et de gauche avec une telle rapidité que l'on échappe à peine au risque d'être écrasé. C'est ça, Paris, mon ami.» Dans ce Paris, qu'il ne cesse de comparer mélancoliquement à la vieille Athènes, Coraïs se lia d'amitié avec Etienne Clavier, Chardon de la Rochette, Villoison et François Thurot, et commença à se faire connaître comme éditeur d'auteurs classiques. La Révolution française, qui éclata bientôt et dont il fut le témoin anxieux, eut un grand retentissement sur son âme assoiffée de justice et de liberté (3). Il en suit les événements avec inquiétude et, malgré la grande misère qui le ronge, il

---

(1) « Correspondance », tome II, éd. Damalas. Athènes 1885.
(2) « Correspondance », tome II, lettre 16 (15 septembre 1788).
(3) Queux de Saint-Hilaire. — Lettres de Coray au Protopsalte de Smyrne sur les événements de la Révolution française. Paris 1880.

ne néglige point ses travaux de critique et de philologie. L'idée que « les Occidentaux avaient transporté en Europe la Grèce ancienne » et qu'il fallait à tout prix faire profiter les Grecs modernes de leur héritage naturel, le travaillait incessamment. La translation au Panthéon des cendres de Voltaire (lettre du 15 novembre 1791), l'homme « qui prépara la voie à la liberté », lui arrache des larmes d'amertume. La mise à mort de Rhigas, lui inspire l'*Adelfiki Didaskalia* (instruction fraternelle), où il explique aux Grecs ce qu'est la liberté. Les victoires des Français contre la coalition européenne, le triomphe de Napoléon l'excitent au plus haut point, et son imagination d'ardent patriote croit voir partout s'écrouler les tyrannies... Lorsque après ses traductions en français des Caractères de Théophraste (1799) et du traité d'Hippocrate « Sur les airs, les eaux et les lieux » (1800), qui lui valut un prix de l'Institut, il traduisit en grec moderne le livre de Beccaria sur « les Délits et les peines », il le dédia à la république libre des Iles Ioniennes, symbole de la régénération future du pays entier. En 1803, il publia un mémoire sur l'état actuel de la civilisation en Grèce et le *Salpisma polemistirion*, l'appel aux armes contre l'oppresseur. Il contribua avec la Porte du Theil et Gosselin à l'édition de la Géographie de Strabon, travail qu'il avait en horreur, mais qui le faisait vivre (1). La veille de l'expédition d'Autriche, on présenta le premier volume à l'Empereur, qui, à son retour, au début de l'année 1806, fixa aux trois traducteurs une pension viagère de 2.000 francs (2). Enfin, en 1805, Coraïs commença, aux frais des frères Zossimas, une édition critique des classiques grecs — la Bibliothèque Hellénique — comprenant trente-six volumes dont les « Atakta », ou notes sur la langue grecque ancienne et moderne, offrent un très grand intérêt. Coraïs mourut à Paris, le 18 mars 1833, et repose, aujourd'hui encore, au cimetière Montparnasse

---

(1) « Correspondance », tome III, lettre du 27 mars 1804.
(2) « Correspondance », tome III, lettre du 10 décembre 1807.

« sur cette terre étrangère de Paris, mais aussi chérie que la Grèce, ma patrie ».

Eclairer le peuple, donner à une jeunesse élevée à « cette école d'iniquité qu'est celle du Turc », une armature morale, affranchir intellectuellement ses compatriotes, en faire des Grecs par « l'éducation », comme l'entendait Isocrate, tel fut le souci perpétuel et le but d'existence de Coraïs (1). A toutes ses éditions qui lui servaient de motif pour développer ses idées politiques et philosophiques, il joignait des prolégomènes, des notes explicatives, que son biographe Therianos (tome II, p. 9), a fort bien comparés aux Discours de Fichte à la nation allemande — ces Réflexions improvisées mêmes dont Néroulos s'est injustement moqué. On y trouve, en effet, tour à tour des développements sur le rapport du grec ancien et du grec moderne — car une des idées les plus chères à Coraïs, et des plus justes, est qu'on ne peut étudier l'un sans l'autre — sur le rôle de l'instruction, des maîtres, des écoles; sur les formes du gouvernement, sur l'art de vivre, sur le rapport de la Morale et de la Politique, le rôle du clergé, la noblesse. « Les Grecs n'ont pas de caste noble », dit-il en visant les Phanariotes. « Il n'y a qu'une seule noblesse, « l'excellence personnelle ». (2)

L'importance de la langue comme facteur de civilisation, son rôle unificateur, sa valeur « instrumentale », ne pouvaient échapper à Coraïs. « Si les catholiques, écrit-il, avaient employé le grec ancien dans leurs tournées de propagande, qui les aurait écoutés ? » Et ailleurs: « La langue n'est pas assez souple, assez travaillée. Si ceux qui ont écrit avant nous s'étaient servi de la langue courante, nous aurions eu à présent moins de peine. Ils se sont fourvoyés; aussi personne ne les lit plus. » De même: « S'il était né un grand poète parmi les vulgaristes,

---

(1) Voir aussi Oikonomos, Chr. — Coraïs, éducateur (en grec), Athènes, 1906.
et Jouguet. — L'Impérialisme macédonien. Avant-propos et p. 6. Paris, 1926.
(2) Aristote. — Ethique à Nicomaque. Prolégomènes.

la question aurait été tranchée. » (1) Penchant donc
du côté des vulgaristes, il est cependant resté, en réalité,
aussi éloigné d'eux qu'il voulait l'être des théologiens,
des grammairiens, des pédants, des archaïsants, des sei-
gneurs, en un mot des *macaronistes*, et s'engagea dans
une voie intermédiaire de compromission. Car, tout en
professant que les langues évoluent, il regardait le grec
de son époque comme une langue « malade » qui re-
flétait l'état d'inculture de la nation, la décadence des
mœurs et l'absence de législateurs éclairés — d'écri-
vains (2) Et, sans avoir tort, sur toute la ligne, il devint le promoteur d'un style épuré « d'orthopédiste »,
pour employer le terme de Néroulos, qui devait conduire
la langue de la « barbarie » à sa pureté primitive « hellénique » (3). Or, Coraïs, tout savant et tout patriote
qu'il fût, et malgré ses haines multiples, était lui-même
très peu artiste. Sans manquer de chaleur, de force et
même d'humour, cet humour Chiote qu'il appréciait si
bien, il manquait absolument de goût. Déplorant la disparition de l'infinitif comme une flétrissure qui faisait
tache sur le blason de la langue, il essaya de lui insuffler
un peu de vie (4). Il ne recula pas devant les « amendements ». Les mots de la conversation courante *ladi*
(huile), *xidi* (vinaigre), *mati* (œil), les interjections,
certains termes étrangers ou vulgaires, dont il croyait
pouvoir retracer l'origine hellénique, affectaient sous sa
plume des tournures bizarres, un déguisement savant qui
prêtait au ridicule. Il est possible aussi que ses études
médicales donnassent parfois à son style un réalisme qui
devait paraître trivial à ses adversaires. Parmi eux, c'est

---

(1) Rotas. — Recueil de lettres de Coraïs, p. 82, 115, 137.
Athènes, 1839.

Coray. — Bibliothèque hellénique. Prodromos. Paris, 1805.

(2) Coray. — Lettres du 12 mai 1811, du 5 décembre 1811 (Correspondance, tome II).

(3) Coray. — « Atakta », tome IV. Paris 1832.

(4) V. Rotas. — Recueil, p. 247.

Voir aussi Hesseling. — Essai historique sur l'infinitif grec
(dans Psichari. Etudes de philologie néo-grecque).

Codrikas qui fut le plus violent. Codrikas était Athénien. Il avait fait ses études à Athènes, puis il vint s'établir à Constantinople. Là, il fit la connaissance du Grand Interprète Michel Soutsos qui, nommé hospodar de Valachie en 1783, emmena Codrikas avec lui commè secrétaire. Plus tard, en 1802, lorsque Michel Soutsos dut abandonner le gouvernement des principautés danubiennes, Codrikas vint à Paris. Il fut quelque temps secrétaire d'ambassade au service de la Turquie, puis il obtint le poste de secrétaire-interprète au Ministère des Affaires Etrangères. Il mourut à Paris en 1827. Codrikas, tant par ses études — il avait été élève de Lambros Photiadis — que par sa situation sociale et sa carrière de fonctionnaire était partisan des puristes. Il avait fréquenté le Patriarcat, les Phanariotes, la société des dames. A Paris, il cultiva forcément des relations mondaines et trouvait bon qu'en matière de langue, ce fût aussi cette société qui donnât le ton. N'était-ce pas elle qui, en France, avait fixé le « bel usage ? » Son style est donc archaïsant. Celui qu'il adopte dans ses lettres à son Maître, au Patriarche de Constantinople, aux Princes de Valachie, est parfois aussi archaïque (1). Il a la tournure des circulaires patriarcales, et c'est celui d'un homme qui aime rendre hommage aux grands. Mais Codrikas était aussi un lettré et un patriote. Il maniait vigoureusement la plume, il écrivait fort bien le français et savait répondre, comme Coraïs, aux voyageurs étrangers qui, au sujet des Grecs modernes, avançaient des jugements où l'on pouvait parfois surprendre une certaine absence de jugement... En 1794, il traduisit en grec moderne les « Entretiens sur la Pluralité des Mondes », de Fontenelle, et

---

(1) L'Institut néo-hellénique de la Sorbonne possède quelques manuscrits, déjà édités, de Codrikas, et quelques lettres gracieusement offertes par Mme A. Cavaïllé de Codrikas.

On trouve de curieux documents de style épistolaire dans Légrand, « Recueil de documents », p. 7 et vol. IX de la Bibl. grecque vulgaire. Voir aussi Mavrocordato Alex., Lettres, éd. Livadas. Trieste, 1879.

exposa, dans une introduction, ses idées sur la langue. Adopter le style des « archontes » de la nation, l'enrichir de mots anciens, c'est là son point de vue. Plus tard, en 1802, il développa ces mêmes idées dans un opuscule écrit en français (1). Coraïs l'attaqua vivement, et ce fut le commencement d'une querelle linguistique où, pour défendre et illustrer la langue grecque, on fit preuve, de part et d'autre, d'un acharnement peu digne de vrais savants. L'« hérésie coraïste » avait pour organe officiel le *Mercure Savant,* qui comptait aussi des collaboratrices. Codrikas se servait d'une autre feuille, *Calliope.* La querelle dura longtemps, puisqu'en 1816, Codrikas, invité par les nouveaux éditeurs du *Mercure Savant,* à collaborer à leur journal, répondit en critiquant le point de vue de l'ancien éditeur, en relevant les fautes de goût, les néologismes, les dialectismes des Coraïstes, leur amour des discours filandreux (2). De même, lorsqu'en 1818, il publia son œuvre capitale « Etude du dialecte commun de la langue grecque », qu'il dédia au Tsar de toutes les Russies, Alexandre Ier, il ne manqua pas de s'attaquer aux soi-disant « législateurs » de la langue, aux philosophes, amateurs de trivialités, qui corrompent le style naturellement noble de la langue. Les Patriarches, les Evêques, les Princes, le Clergé, les Grammairiens, bref, les gens bien nés, ce sont là les modèles à suivre. On sent qu'il entrait aussi comme une querelle de caste — chose étrangère à la mentalité grecque — dans l'animosité entre Coraïs et Codrikas.

Mais, entretemps, trois ans après l'apparition à Vienne du *Mercure Savant,* un de « ces Byzantins, de ces Thra-

---

(1) Voir Sathas. — « Parartima », p. 218.

(2) Codrikas. — Aux nouveaux éditeurs du « Mercure Savant ». Paris, 1816.

La circulaire adressée par Pharmakidès et Kokinakis « au très patriote et ami des Muses (filogenestatos et filomoussos) Panayote Codrikas » se trouve dans les manuscrits de Codrikas avec une autre circulaire adressée « aux Grecs ». La première est datée du 1er février 1816, la seconde du 31 janvier de la même année.

ces que nature n'a point étrennés pour sentir les choses belles », se servit contre Coraïs des flèches de la satire. Le Phanariote, Jacques Rizos Néroulos, ancien premier ministre (postelnik) de Jean Caradja, Prince de Valachie, composa une comédie, les « Korakistiques (langage des corbeaux), ou amendement de la langue grecque moderne », et provoqua dans le monde grec, au dépens de Coraïs, un de ces rires homériques qui blessent plus vivement que les critiques les plus acerbes. Et, en effet, dans cette comédie, Coraïs, ce prédicateur qui avait voulu être un pêcheur d'hommes et un Grec, comme l'avaient été Aristide et Socrate, qui avait mis son érudition, ses forces, sa vie au service de l'Idée, nous est présenté sous les traits ridicules « d'un mécanisme raide » qui voudrait que tout dans la vie soit « administrativement réglé » (1). C'est un pédant qui risque d'étouffer en prononçant un mot trop long « eladioxidiolachanokarikevma » et que l'on sauve de la mort en lui faisant avaler un mot vulgaire qu'on lui permet ensuite gracieusement de cracher! Coraïs sentit la correction. Dans une lettre à Alexandre Vassiliou, il parle de ce postelnik avec assez d'aigreur comme d'un homme petit, d'un *anthropiskos*, qu'il vaut mieux envoyer... aux corbeaux ! (es korakas) (2).

*
* *

Ce qui précède permettra au lecteur de se mieux reconnaître dans le détail de la pièce. Mais disons d'abord quelques mots de son auteur (3) Jacques Rizos Néroulos est né à Constantinople, en 1778, et appartenait à une famille phanariote connue dans le monde des lettres et

---

(1) Bergson. — « Le Rire », p. 49, 88.
(2) « Correspondance », tome II, lettre du 11 juin 1814.
(3) Queux de Saint-Hilaire. — Art. cités.
Sathas. — Littérature néo-hellénique.
Thérianos. — Op. cité. II.
Hesseling. — Op. cité.
Cambanis. — Histoire de la littérature grecque moderne (en grec). 2e édition. Alexandrie, 1925.

dé la diplomatie. Resté orphelin de très bonne heure, il
dut beaucoup de son éducation à son oncle Samuel, évê-
que d'Ephèse. Il étudia la philosophie avec Daniel Philippidis, les mathématiques et le français avec l'Abbé
Lafontaine. A peine âgé de vingt ans, il suivit, comme
grand écuyer, l'hospodar Constantin Ypsilanti en Moldavie, et c'est là qu'il débuta dans la carrière diplomatique qui, pour lui, fut longue et brillante. Mais il cultiva
aussi, dès le début, les lettres et s'adonna à l'étude des
langues orientales. Après la déposition d'Ypsilantis, en
1801, son successeur Alexandre Soutsos nomma Jacques
Rizos son agent auprès de la Porte Ottomane. La guerre
de Russie fit qu'il s'éloigna quelque temps de la carrière
pour devenir ensuite premier ministre (postelnik) de Jean
Caradja, hospodar de Valachie. Il se servit de son poste
pour améliorer l'instruction publique et attirer dans le
pays des professeurs réputés. En 1818, nous le trouvons
de nouveau à Constantinople comme traducteur auprès
du Grand Interprète, puis, en 1819, de nouveau premier
ministre du Prince Michel Soutsos, hospodar de Moldavie, ami des lettres, et qui fonda à Jassy une école d'en-
seignement mutuel dont il payait la moitié des dépenses
annuelles sur sa liste civilé (1). Lorsque, en février 1821,
l'insurrection hellénique éclata, Rizos quittant les provinces danubiennes vint en Europe. En 1826, voulant
servir son pays dans les lettres, il professa à Genève un
cours de langue et de littérature grecques modernes qui
eut deux éditions (1827, 1828) et fut traduit en plusieurs
langues. A Genève, Rizos Néroulos fit la connaissance
de Jean Capodistria, le futur gouverneur de la Grèce.
A peine celui-ci était-il appelé par l'Assemblée de Tré-
zène, le 6 avril 1827, à assumer la direction des affaires
du pays qu'il nomma Néroulos commissaire extraordinaire des Cyclades, puis, en 1829, premier secrétaire de
l'Assemblée Nationale d'Argos. Mais l'accord entre les
deux diplomates fut de courte durée. En 1831, Néroulos,

---

(1) Neroulos. — Op. cité, p. 127, 128.

désapprouvant la politique du Gouverneur, donna sa démission et se retira à Egine. Après la mort de Capodistria il rentra dans la vie publique. Il occupa trois fois le poste de ministre de l'Instruction et des Cultes, en 1833, 1834 et 1841. On lui doit la fondation de la Société d'Archéologie, de l'Académie de Peinture et de l'Ecole Polytechnique. En 1834, il était également ministre de la maison du roi Othon et des Affaires étrangères, si bien qu'un écrivain satirique Soutsos, son neveu — on voit que l'esprit satirique était un don de la famille — pouvait dire de lui qu'il avait le dos voûté, car tel Atlas, il pliait sous le poids du ciel ministériel (1). En 1848, il retourna comme Ministre de Grèce à Constantinople, où il mourut en 1850.

Comme auteur, Néroulos cultivait, ainsi que l'exigeait Socrate, les deux formes du dramatique. Ecrivain satirique et poète comique dans les « Korakistiques », dans l' « Enlèvement du Dindon » (Vienne 1815), la « Famille questionneuse », l' « Homme qui a peur des journaux » (Athènes 1837), pièce anonyme que lui attribua Queux de Saint-Hilaire, il est connu aussi comme auteur tragique avec « Aspasie » (Vienne 1813) et « Polyxène » (1813). Ces deux dernières pièces ont été représentées à plusieurs reprises sur les théâtres grecs de Jassy, de Bucarest, de Corfou et d'Odessa. Nous croyons cependant que c'est dans la satire qu'il manie adroitement, avec verve et malice, que Néroulos se montre le plus original. Car il ne l'est jamais tout à fait. Il a beaucoup lu les classiques. D'Aristophane il a, comme les Grâces, apprécié l'âme. Pour user d'un vocabulaire et de jeux de mots analogues, il a dû même lui sacrifier un peu de la respectabilité diplomatique, et il a pratiqué Molière. On en surprend les échos. Quant aux sujets de ses comédies, la Grèce moderne, aussi raisonneuse et éprise de vie publique que l'était la Grèce ancienne, pouvait lui en fournir à foison. Dans l' « Homme qui a peur des journaux », il s'attaque

____

(1) Queux de Saint-Hilaire. — Art. cité. An. Et. Grecques, 1871.

aux journalistes qui, lors de ses nombreux ministères, lui avaient fait de l'opposition. On en trouve une analyse détaillée dans l'article cité de Queux de Saint-Hilaire sur la presse hellénique. L'influence de la presse sur les idées et les mœurs, on le voit, ne cessait de le préoccuper. Mais il devait avoir aussi l'humeur un peu batailleuse. Nous en avons un exemple savoureux dans ces « Korakistiques ». On a voulu voir dans ce titre, un jeu de mots basé sur la ressemblance de la racine avec le nom de Coraïs. Et lui-même, obsédé d'étymologie, confirma celle-ci. Les Korakistiques seraient les Coraïstiques ou jargon de Coray (1). Or, cela a excité la verve de Codrikas sur l'intuition de l'étymologiste qui, vivant à l'étranger, ignore même les termes les plus courants de la langue commune (2). Il cite à ce propos la querelle de deux cochers de Paris dont l'un, à bout d'insultes, crie à son adversaire : « Tu es un orthographe ! » Et l'autre, écumant sous l'affront insolite, de tomber sur lui : « Un ortographe ! oh ! celle-là, je ne te la passerai pas ! » Donc, Codrikas nous explique, ce que tout Grec connaît en effet, que les Korakistiques ne sont autre chose qu'un jargon artificiel, en usage chez les enfants grecs, et qui s'obtient par l'adjonction à chacune des syllables d'un mot quelconque d'une syllable nouvelle, formée avec les voyelles contenues dans le mot et une consonne choisie par convention, p, f ou k, en général. Nous ajouterions même, à titre documentaire, que nous nous sommes, dans un temps un peu lointain, servi de korakistiques avec « k », comme consonne de choix (3). Quant à l'étymologie qu'il en donne (« kori », « koritsi » (fillette), elle nous paraît un peu douteuse.

---

(1) Voir aussi Coray. — « Correspondance », tome II. Lettre datée juillet 1812. Dans cette lettre, Coraïs parle du livre de Saint-Ceran « La nouvelle langue française », où l'auteur attaque les corrupteurs de la langue. Il se peut que Neroulos ait connu cet ouvrage.

(2) Codrikas. — Lettre à ses amis.

(3) Voir aussi Kyriakidis. Laographie hellénique (en grec), p. 359. Athènes, 1923.

Qu'est l'intrigue de la pièce? Nulle ou presque. L'auteur est classique en cela. Il n'a pas fait non plus de grands frais de psychologie. L'intérêt, et partant le comique, résident plutôt dans le style oral des personnages, qui s'isolent ainsi les uns des autres, par le vocabulaire, la diction, les formes, et dans les caractéristiques et les contrastes qui naissent de ces échantillons de pensée et de langage. Sous les traits héroïques de Sotirios, cet érudit anti-macaroniste qui, dans le fait de devoir partager un même siège avec sa fille, trouve une illustration frappante de la synizèse, on reconnaît bien Coraïs, malgré les protestations que l'auteur a pu faire dans la suite (1). Mikis, son domestique, raisonne rondement et cherche à le ramener à la réalité. Lui aussi prise l'instruction, comme les Yanniotes, les Mytiliniotes, les Chypriotes et tout le peuple grec, l'instruction, comme technique de vie et sans « excès de labeur ». C'est le côté à la fois rationnaliste et réaliste de la Grèce moderne. Il lui vient cependant, au contact de son maître, un léger soupçon sur ses bienfaits irréductibles. « Les gens instruits, ça vous a toujours une araignée ». dit-on, même à Chio. Le bons sens — et cette fois c'est l'auteur qui parle — trouve un second avocat, ennuyeux dans ses discours, mais plein d'expédients, dans la personne de Yanko — Joannisque par amendement hellénique. C'est l'amoureux, épris de la fille de Sotirios. Le savant grammairien le soupçonne de vouloir tenir à elle par couture de mariage. Or, cela ne se peut. Yanko a le double tort d'être né Byzantin, Constantinopolitain, et d'être, en surcroît, par déterminisme géographique, une tête apoétique ! Il a su cependant sauver Sotirios à deux reprises. Une première fois lorsque celui-ci est roué de coups par les étrangers : Chiotes, Yanniotes, etc., accourus de tous côtés pour apprendre le nouvel idiome, mais qu'il soumet à une cure de purification préalable de quarante jours par des cachets de *Mercure Savant*. Il le sauve une seconde

---

(1) Neroulos. — « Cours de littérature », p. 123-124.
Therianos. — Op. cité, tome II, p. 301, 3C2.

fois, lorsque Sotirios, désirant, pour accompagner son « empyrizole » (côtelette), une vulgaire « lachanosalata » (salade de choux), emploie pour la commander un vocable noble « de la longueur d'un scorpion », et risque d'étouffer. Le vocable arraché à force de tenailles, Sotirios s'étonne de l'action émolliente qu'exercent sur sa gorge meurtrie les mots vulgaires qu'on lui fait avaler. Le dénouement est facile à deviner. Le bon sens l'emporte sur le pédantisme et Sotirios renie son système laborieux par amour de la vérité. Désormais, il pourra parler correctement sans effort. Il reste cependant un personnage récalcitrant : Auguste, le collaborateur et l'ami de Sotirios. L'auteur a peut-être visé en lui les partisans de Coraïs, dont lui-même est le disciple, sans le savoir. Car lui aussi se meut dans une voie moyenne entre le purisme et l'usage vulgaire. Il écrit comme il a dû parler et ne semble pas adopter par système ou déformation scolaire des formes exclusives. Il a vu que la langue est un lien social et un instrument; qu'elle reflète des milieux, qu'elle s'affine et se complique selon les besoins intellectuels, mais il n'en sent pas moins le ridicule qui s'attache à certains amendements de mots considérés vulgaires.

Au point de vue de la documentation linguistique, cette comédie, qu'on a, par raison apparente, comparée à la « Vavylonia », de Byzantios (1836), ne peut avoir de prétentions que par le propre style de l'auteur. Ce style a vieilli, certes, mais, contrairement à ce que pense Queux de Saint-Hilaire, il a si peu vieilli qu'on s'en étonne. Ainsi, dans le vocabulaire, pas mal de mots, par exemple « m'olon oti » (quoique), « anadifizio » (compulser), etc., dont se moque Néroulos, ont acquis droit de cité dans la langue. L'artificiel est devenu familier, donc naturel. Par contre il emploie des expressions comme « na grafi tinas » (pour que l'on écrive), qui aujourd'hui semblent comiques. Dans l'ensemble cependant le caractère de la langue grecque se révèle ainsi conservateur. Quant aux échantillons des différents patois que nous offre Néroulos, bien que les traits ne soient pas pris au hasard, ils

ne sauraient fournir des données morphologiques ou phonétiques précises. Il en faudrait chercher des documents ailleurs (1). Mais l'auteur avait certainement fréquenté à Constantinople des insulaires et des Epirotes, il en a eu, probablement chez lui comme domestiques. Avec l'esprit d'observation qu'il possédait, il a saisi les singularités de formes et de prononciation les plus frappantes de leurs parlers : certaines disparitions de voyelles (skli au lieu de skyli, chien), la distinction dans la prononciation, contrairement à l'habitude générale, des consonnes doubles (Chio, Chypre, Sporades du Sud); le traitement particulier de certaines voyelles et de certaines consonnes, ou au lieu de o (Epire), l'altération du k en tch (Chypre); certaines singularités dans la formation des verbes, faits qui n'échappent, d'ailleurs, à aucun Grec, et il s'en est servi non en linguiste, mais pour donner du piquant au dialogue et mettre mieux en relief le contraste des personnages, la spontanéité des uns et l'artificialisme des autres. Ce procédé, du reste, qui est toujours un peu approximatif, n'est pas nouveau en littérature. Il appartient à la technique littéraire, à toutes les techniques, comme élément de « couleur », et c'est un artifice des plus classiques. Ce caractère « d'étrangeté » qu'exigeait Aristote pour la langue poétique afin qu'elle pût constamment accaparer l'auditeur par des « valeurs » nouvelles, la comédie l'obtient en introduisant, non plus des gloses ou des mots composés, mais des parlers locaux (2). Et

(1) Aravantinos. — Recueil de chansons populaires Epirotes. Athènes, 1880.

Zographios Agon (Recueil de documents). Constantinople, 1891.

Pernot. — Etude de linguistique néo-hellénique (Phonétique des parlers de Chio). Fontenany-sous-Bois, 1907.

Sakellarios. — « Kypriaka », 2 vol. Athènes, 1890-1891.

MondryBeaudouin. — Etude du dialecte chypriote. Paris, 1884.

Kretschmer. — Der heutige lesbische Dialekt. Vienne, 1905.

Hesseling et Pernot. — Chrestomathie néo-hellénique. Paris, 1925.

(2) Aristote. — Poétique et Rhétorique.

Meillet. — Op. cité, chap. VIII et XI.

le procédé a double emploi. Les formes vieillies, les mots désuets, chez le tragique ou le poète lyrique, créent une atmosphère émotionnelle. Le poète comique emploiera un langage familier, des formes dialectales ou même une diversité de parlers pour des effets burlesques. Epicharme s'était servi du dialecte sicilien. Aristophane fait parler les Mégariens (Acharniens 860-954), les Béotiens (*ibid.* 729-835), les Laconiens (Lysistrata, 81-240, 980-1013), chacun leur dialecte. En France, les premières œuvres où on laisse aux gens du peuple leur accent local datent du milieu du XVIIe siècle. Ce sont les « Nouveaux Compliments de la place Maubert », parus en 1644, et les Conférences en patois qui sont de 1649 (1). Plus tard, avec Cyrano de Bergerac, et surtout avec Molière, les patois font leur entrée officielle dans la littérature classique. En Italie, c'est le réalisme de Goldoni qui introduit le vénitien sur la scène (I rusteghi, La moglie saggia, etc).

La comédie de Néroulos pourrait-elle être représentée en dépit de l'absence d'intrigue ? Nous penchons pour l'affirmative. Car malgré les quelques mots ou locutions inconnus que contient le vocabulaire, les formes dialectales employées par l'auteur sont familières au public grec qui peut aussi bien goûter leur saveur que s'amuser du ridicule des formes pédantes. Jouée prestement et avec la suppression de certaines longueurs, elle ferait un lever de rideau amusant et curieux.

Un dernier mot sur la traduction et le texte. Comme texte, nous nous sommes servis de l'édition de Leipzig 1816. Les Korakistiques ont connu plusieurs éditions qui sont toutes très rares. Nous trouvons dans les notes manuscrites d'Emile Legrand (bibliothèque de M. Hubert Pernot), les descriptions que voici :   ΚΟΡΑΚΙΣΤΙΚΑ ἢ Διόρθωσις τῆς Ρωμαίκης Γλώσσας. ΚΩΜΩΔΙΑ. Εἰς τρεῖς Πράξαις διαιραιμένη. Ὑπὸ τοῦ Λογίου καὶ Εὐγενοῦς Κ. ΙΑΚΩΒΟΥ ΡΙΖΟΥ ΜΕΓΑΛΟΥ ΠΟΣΤΕΛΝΙ-

____

(1) Rosset. — Les origines de la prononciation moderne. Appendice. Paris, 1911.

ΚΟΥ. Ἐν τῷ εἰς τὸ Μαχμουτπασάχανι Ἑλληνικῷ Τυπογρα-
φείῳ. Ἐν ἔτει 1813.

Petit in-4° (non in-8°), de 48 pages. Très rare. L'exem-
plaire qui nous a servi à faire la présente description, fait
partie de la bibilothèque de Demetrius Bikelas, après
avoir successivement appartenu à Félix-Désiré Dehé-
que et à son gendre, Emile Egger.

Suit une seconde description : ΚΟΡΑΚΙΣΤΙΚΑ ἢ
Διόρθωσις τῆς Ρωμαίκης Γλώσσας. ΚΩΜΩΔΙΑ
ΕΙΣ ΤΡΕΙΣ ΠΡΑΞΑΙΣ ΔΙΑΙΡΕΜΕΝΗ, ὑπὸ τοῦ Λογίου
καὶ Εὐγενοῦς Κ. ΙΑΚΩΒΟΥ ΡΙΖΟΥ. ΜΕΓΑΛΟΥ ΠΟ-
ΣΤΕΛΝΙΚΟΥ. ΤΥΠΟΙΣ ΕΚΔΟΘΕΙΣΑ. Ἐν ἔτει 1813.

In-8° de 48 pages. Livre de la plus insigne rareté coté
5 francs, sous le numéro 180, dans le Troisième catalo-
gue de livres rares (en grec), publié par P. Lambros,
p. 68. Ce volume ne porte pas l'indication du lieu d'impression, mais il a certainement été imprimé à Vienne.

Au verso du titre, on trouve une pièce de vers du
médecin Basile en l'honneur de Jacques Rizos. Les pages
3 et 4 sont occupées par un avis au lecteur signé Théo-
dore Négris.

La page 5 contient deux pièces de vers à la louange
de l'auteur, la première signée Constantin Soutzos; la
seconde Alexandre Maurocordato.

Bibliothèque de M. le prince Georges Maurocordato.

Le texte que nous possédons correspond à la description que l'on vient de lire avec la différence cependant
qu'il ne porte d'indication ni de date ni de lieu d'impression. Nous inclinons cependant à croire que c'est l'édition
de Leipzig. On lit, en effet, dans le *Cours de Littérature*,
de Néroulos, publié par Jean Humbert (1827), à la page
17 de la première édition, que cette comédie a été « im-
primée d'abord à Constantinople, en 1812, puis à Leipsick
en 1816 ». Le même renseignement se retrouve dans la
deuxième édition (Genève 1828). Comme ces deux volumes ont été revus par Rizos, il est peu probable qu'il
s'agisse là d'une erreur. Notre texte pourrait donc d'autant plus être celui de l'édition de Leipzig que les carac-

tères en paraissent les mêmes que ceux employés par Breitkopf, pour l'*Aspasie* de 1823.

Quant à la traduction, la tâche en était fort ingrate. Plus que toute autre tournure d'esprit et forme d'expression littéraire, le comique échappe aux efforts du traducteur. Mais dans une pièce où la langue elle-même joue le rôle d'un personnage original et devient par cela objet de rire, où, par conséquent, il y avait du comique « à *exprimer* et à *créer* » (Bergson), il ne fallait point sacrifier le mot, sa physionomie acoustique, sa force, sa teneur en ridicule, et cela devenait particulièrement difficile. Nous nous sommes donc tenus aussi près du texte que possible, en faisant cependant du grec au français, des transpositions de « valeurs » pour ainsi dire, afin de rendre l'intention de l'auteur, garder aux personnages leur ton docte, familier ou rustique et faire, sinon rire, au moins sourire le lecteur. Nous avions pour cela besoin de lectures, plutôt que de dictionnaires. Molière s'imposait. Fallait-il oublier le vocabulaire savoureux de Rabelais et de Montaigne ? Nous les avons relus avec beaucoup de plaisir. Pour les patois, faire d'un Chiote un Gascon n'est pas trop forcer la réalité. Mlle Dulong, licenciée ès-lettres, nous a aidé à transformer notre personnage. Pour le patois vosgien mis dans la bouche des Epirotes, Mlle Pottecher nous a prêté son concours. Mlle J. Rénaud, licenciée d'histoire, et M. Pateron, ont eu l'obligeance de traduire avec nous, en vendéen et en limousin, les parlers respectifs des Mytiliniotes et des Chypriotes. Mais nous tenons surtout à remercier M. Hubert Pernot, Professeur à la Sorbonne, dont la connaissance du grec est si fine et si riche, et qui nous a donné les indications les plus précieuses, qui nous a même suggéré des « amendements », et Mlle Sophie Antoniadis, licenciée ès-lettres, pour avoir voulu relire avec nous le manuscrit. Et on ne voudra pas, pour un genre littéraire d'essence tellement sociale, nous reprocher d'avoir recherché des collaborations si multiples.

Paris, mars 1928.   P. L.

ΚΟΡΑΚΙΣΤΙΚΑ

Η

ΔΙΟΡΘΩΣΙΣ ΤΗΣ ΡΩΜΑΙΚΗΣ ΓΛΩΣΣΑΣ

ΚΩΜΩΔΙΑ

ΕΙΣ ΤΡΕΙΣ ΠΡΑΞΑΙΣ ΔΙΑΙΡΕΜΕΝΗ

ΥΠΟ ΤΟΥ ΛΟΓΙΟΥ ΚΑΙ ΕΥΓΕΝΟΥΣ

Κ. ΙΑΚΩΒΟΥ ΡΙΖΟΥ

ΜΕΓΑΛΟΥ ΠΟΣΤΕΛΝΙΚΟΥ

LES KORAKISTIQUES

OU

AMENDEMENT DE LA LANGUE GRECQUE MODERNE

COMÉDIE
EN TROIS ACTES

PAR LE DOCTE ET NOBLE

M. Jacques RIZOS

GRAND POSTELNIK

ΤΑ ΠΡΟΣΩΠΑ ΤΟΥ ΔΡΑΜΑΤΟΣ

ΣΩΤΗΡΙΟΣ, ὀνομαζόμενος προτοῦ χυδαϊκὰ Σωτῆρις.

ΑΥΓΟΥΣΤΟΣ, φίλος τοῦ Σωτηρίου, (ὀνομαζόμενος χυδαϊκὰ Αὐγουστής).

ΕΛΕΝΙΣΚΗ, θυγατέρα τοῦ Σωτηρίου (ὀνομαζομένη χυδαϊκὰ Ἐλέγκω).

ΑΠΛΟΧΕΙΡΙΣΚΗ, δουλεύτρα τῆς Ἐλέγκως (χυδαϊκὰ
Ἀπλοχερίτζα).

ΜΥΚΗΣ, δοῦλος τοῦ Σωτηρίου (χυδαϊκὰ Μικές).

ΙΩΑΝΝΙΣΚΟΣ, νέος Κωνσταντινουπολίτης, ἐραστὴς τῆς
Ἐλέγκως (χυδαϊκὰ Γιάγκος).

ΞΕΝΟΙ, ἀπὸ διάφοραις χώραις τῆς Γραικίας, Γιαννιώταις,
Χιώταις, Μιτυληνηοὶ καὶ Κυπριώταις.

Ἡ Σκηνὴ ὑποθέτεται εἰς τὸ σπῆτι τοῦ Σωτηρίου εἰς τὴν
Κλαδούπολιν, νέαν πόλιν, εἰς τὴν ὁποίαν ὁμιλεῖται ἡ νέα Κο-
ρακιστικοελληνικὴ γλῶσσα.

Εἰς τὴν παροῦσαν Κωμῳδίαν ἀκολουθεῖται μεταξὺ τῶν
προσώπων τοῦ Σωτηρίου καὶ τοῦ Αὐγούστου τὸ σύστημα τοῦ
Κορακισμοῦ. δηλαδὴ ἡ συνθήκη καὶ αἱ λέξεις του. Ὁ Κω-
μῳδὸς δὲ μερικαῖς φοραῖς πλάττει καὶ ἄλλαις, καθὼς τὸ κενέφι, τὸ ἐκρυσεῖον, ὁ σορδισμὸς καὶ ἄλλα μερικά. Οἱ Κορακι-
σταὶ ὅμως ὅπου μεταπλάττουν τόσον γελοῖα ταῖς λέξαις, βλέ-
πωντας ἐδῶ ταῖς ἐδικαῖς του μετάπλασαις, δὲν ἠμποροῦν,
στοχάζουμαι, νὰ τὸν ἐλέγξουν, ὅτι τὸ γκερίζι, τὸ κενόφως,
ἡ ἐμπυριζόλα ταῖς ὁποίαις ἐξελλήνισε, δὲν εἶναι, κατὰ τὴν
μέθοδον, καὶ τὴν γραμματικὴν ἀναλογίαν τους, μὲ τὴν ὁποίαν αὐτοὶ ἑλληνίζουν ταῖς δικαῖς των· τῇ ἀληθείᾳ αὐταῖς ταῖς
λέξαις, ὅπου αὐτὸς πλάττει κωμικῶς ἐδῶ, ἂν ἤθελε ταῖς γράψει εἰς καμμίαν διατριβήν του, σπουδάζωντας τάχα, ἤθελαν
βεβαιότατα ταῖς ἀποδεχθεῖ οἱ γεννάδες, καὶ ἤθελαν τὸν συγ-
κατατάξει εἰς τὸν κατάλογον τῶν κατ' αὐτοὺς σοφῶν.

LES PERSONNAGES DU DRAME

SOTIRIOS, appelé vulgairement Sotiris.

AUGUSTE, ami de Sotirios (appelé vulgairement Avgoustis).

HELENISQUE, fille de Sotirios (appelée vulgairement
Elenco).

APLOCHIRISQUE, servante d'Elenco (appelée vulgairement Aplocheritsa).

MYKIS, valet de Sotirios (appelé vulgairement Mikès).

JOANNISKOS, jeune Constantinopolitain, amant
d'Elenco (nommé vulgairement Yankos).

ETRANGERS venus de différentes parties de la Grèce,
Yanniotes, Chiotes, Mytiliniotes et Chypriotes.

*La scène se passe chez Sotirios, à Cladoupolis, ville nou-
velle, où l'on parle le nouvel idiome Korakistikohellé-
nique.*

Dans cette comédie, Sotirios et Auguste suivent le
système korakistique. Ils en empruntent les termes et les
conventions. L'auteur comique se permet parfois de forger des mots nouveaux, comme les cénophotes, les ecrysses, le sordisme et autres. Les Korakistes cependant qui
transforment si ridiculement les mots, ne pourront, j'es-
père, lui reprocher de n'avoir pas hellénisé les termes
dont il se sert : les empyrizoles, les cénophotes, les écrys-
ses, d'après la même méthode selon laquelle ils helleni-
sent les leurs. En vérité, s'il avait employé dans une dis-
sertation docte les mêmes termes qu'il emploie ici sous
forme comique, il est certain que les patriotes l'auraient
rangé au nombre de leurs savants.

ΚΟΡΑΚΙΣΤΙΚΑ

Η

ΔΙΟΡΘΩΣΙΣ ΤΗΣ ΡΩΜΑΙΚΗΣ ΓΛΩΣΣΑΣ

ΚΩΜΩΔΙΑ

ΕΙΣ ΤΡΕΙΣ ΠΡΑΞΑΙΣ ΔΙΑΙΡΕΜΕΝΗ

ΠΡΑΞΙΣ ΠΡΩΤΗ

ΣΚΗΝΗ ΠΡΩΤΗ

ΣΩΤΗΡΙΟΣ ΚΑΙ ΑΥΓΟΥΣΤΟΣ

ΣΩΤΗΡΙΟΣ

Διατὶ προπατεῖς, φίλε ἰδικέ μου Αὔγουστε, λιγυσμένος σήμερον ὡς ἂν εἶ ὁ κορμός[1] σου ἔγεινε δύο διπλόαι ; ἔχεις ἆρα
γε κοιλιόπονον, καὶ γοργορυτά ;[2] ἢ ἀνεκάλυψας ὅτι οἱ ἰδικοί
μας πρόγονοι Ἕλληνες ἐπροπάτουν οὕτω ; εἰπέ με τῇ ὥρᾳ[3]
ἐγρήγορα[4], διατί ; διότι δὲν ἐμπορῶ[5] νὰ σὲ ἴδω[6] εἰς τὴν
ὁποίαν εὑρίσκεσαι κορμικὴν κατάστασιν.

ΑΥΓΟΥΣΤΟΣ

Σήμερον τὸ πρωινὸν[7] ἀναδιφῶν τὸ λεξικὸν τοῦ Σουΐδα,
εὗρον τὴν λέξιν καμπύλος, καὶ εὐθὺς ὁ ἰδικός μου νοῦς ὑπῆ-
γεν εἰς τὴν λέξιν καμπούρης. ἀποῦ[8] ἐθεώρησα, ἐπαραλλήλι-
σα, καὶ ἐζυγίασα[9] αὐτὰς τὰς δύω λέξεις, ἐστοχάσθην, ὅτι ἡ

Ἡ Κορακιστικὴ νέα γλῶσσα μεταμόρφωσε : 1) Κορμός, ἀντὶς
κορμί. 2) Γοργορυτά, ἀντὶς γουργουρυτά. 3) Τῇ ὥρα, ἀντὶς τώρα.
4) Ἐγρήγορα, ἀντὶς γλίγωρα. 5) Ἐμπορῶ, ἀντὶς ἠμπορῶ. 6) Ἴ-
δω, ἀντὶς ἰδῶ. 7) Πρωνόν, ἀντὶς πουρνόν. 8) Ἀποῦ, ἀντὶς ἀφοῦ.
9) Ἐζυγίασα, ἀντὶς ἐζύγιασα.

LES KORAKISTIQUES

OU

AMENDEMENT DE LA LANGUE GRECQUE MODERNE

COMÈDIE

EN TROIS ACTES

ACTE PREMIER

Scène I

SOTIRIOS et AUGUSTE

SOTIRIOS.

Pourquoi te pourmènes-tu, ô mien ami Auguste, courbé aujourd'hui comme si tu avais le tronc plié en deux ? Aurais-tu par hasard des côliques et des vorvorygmes ? ou bien as-tu découvert que nos ancêtres, les Hellènes, se pourmenaient ainsi ? Dis-moi vite main tenant le pourquoi, car je ne puis te voir dans cet état de corporalité.

AUGUSTE.

Aujourd'hui, à l'albe, en compulsant le lexique de Suidas, j'ai découvert le mot *kambylos* (curviligne), et aussitôt mon esprit s'est porté vers le mot *kambouris* (bossu). Adprès avoir parallèlement considéré, puis soupesé ces deux termes, l'idée m'est venue que le vocable

χυδαϊκὴ λέξις καμπούρης ἀπίσως[1] παράγεται τὴν λέξιν καμπύλος, ὅθεν καμπυρός, ὅθεν καμπούρης. καὶ δόξα, καὶ τιμὴ εἰς τὴν Γραικίαν, ἀπεφάσισα, ὅτι ἡ λέξις καμπούρης εἶνι[2] διεφθαρμένη ἀπὸ τὴν λέξιν καμπύλος· καὶ τόσον ἐχάρην, ὥστε ἀπὸ τὴν ἄκραν ἰδικήν μου[3] ἡδονήν, καθὼς ὁ τὸν ὁποῖον ἔχομεν πρόγονον Πυθαγόρας ἔθυσεν ἑκατόμβην, ἀποῦ εὗρε τὸ περίφημον ἐκεῖνο διάγραμμα, οὕτω κ' ἐγὼ ἔθυσα ὡς ἂν ἑκατόμβην τὴν ὀρθότητα τοῦ ἰδικοῦ μου κορμοῦ διὰ τὴν εὕρεσιν τῆς λέξεως καμπούρης, καὶ προπατῶ τῇ ὥρα καμπυρός.

ΣΩΤΗΡΙΟΣ

[5]Ἄ φέρε[4], ὑγιεία[5] σου. μεγάλη ἀνακάλυψις ! τοῦτο βεβαίως καταχωρηθῆν[6] θέλει εἰς ἤτριον[7] Λογίου Ἑρμοῦ· γράψον ἐπιστολὴν εἰς τὸν ἐκδότην τούτου, κ' αὐτὸς[8] τὴν τυπώσειν, καὶ τὴν σχολιάσειν θέλει. σὺ μὲν εὗρες αὐτὴν τὴν λέξιν, ἀμμὴ[9] κ' ἐγὼ δὲν κάθημαι ἀργός. ἡ σούρδισις, ἤτοι διάρροια ἐφάνη εἰς ἐμὲ ὅτι εἶνι λέξις ἑλληνική· τὴν ἐπίασα, τὴν ἐμυρίσθην ἀπ' [10] ὧδε, τὴν ἐμυρίσθην ἀπ' ἐκεῖ, καὶ τέλος πάντων τὴν κατέλαβα. ἡ σούρδισις ἐχυδαΐσθη ἀπὸ τὴν λέξιν σορδισμός, τὴν σημαίνουσαν, τὸ μὴ καθαρῶς διαλέγεσθαι, καὶ ἑλληνίζειν. καὶ μεταφορικῶς λέγεται καὶ εἰς τὴν διάρροιαν, ἡ ὁποία δὲν εἶνι ἄλλο παρὰ τὸν βαρβαρισμὸν καὶ σολοικισμὸν τῆς κοιλίας. καὶ καθὼς λέγομεν τὴν φλυαρίαν λογοδιάρροιαν, οὕτω καὶ τὴν κοιλιακὴν διάρροιαν ἀντιστρόφως ὀνομάζομεν κοιλιοσορδισμόν. Ἡ λέξις γκερίζι τὶ εἶνι ; Τουρκικὴ ἢ Ἑλληνική ;

ΑΥΓΟΥΣΤΟΣ

Πῶς εἰμπορεῖ νὰ εἶνι Ἑλληνική ;

---

1) Ἀπίσως, ἀντὶ ἴσως ἀπὸ, λέγουν ἀπίσως τοῦτο. 2) εἶνι, ἀντὶς εἶναι. 3) Ἰδικήν μου, ἀντὶς ἐδικήν μου. 4) Ἄ φέρε, ἀντὶς τὸ Περσικὸν Ἄφεριν. 5) Ὑγιεία σου, ἀντὶς γειά σου. 6) Θέλει γράψειν, θέλει κάμειν, κτλ. ἀντὶς θέλει γράψει, θέλει κάμει. 7) Λογίου Ἑρμοῦ, ἀντὶς τοῦ Λογίου Ἑρμοῦ κατὰ μίμησιν Ἀττικήν. 8) Κ' αὐτὸς τὸ ὁποῖον προφέρνουν σὰν τὴν λέξιν καυτός, ἀντὶς κι' αὐτός. 9) Ἀμμή, ἀντὶς τοῦ ἀμᾶ ἢ τοῦ ἀμή. 10) Ἀπ' ὧδε, ἀντὶς ἀπ' ἐδῶ.

kambouris dérive peut-être du mot *kambylos,* dont *kambyros, dont kambouris.* J'ai alors statué — honneur et gloire à l'Hellade moderne — que *kambouris* est une corruption de *kambylos,* et j'eus le cœur en tel festoiement que, pareil à notre ancêtre Pythagore, qui, après avoir trouvé son fameux diagramme, offrit une hécatombe, pareil à lui, dis-je, j'ai sacrifié la verticalité de mon tronc à la découverte du mot *kambouris.* Voilà pourquoi je me pourmène main tenant ainsi curvé.

SOTIRIOS.

Heur à toi ! Grande découverte! Ceci sera certainement inséré dans les fascicules du *Mercure savamt* (1). Ecris une missive à l'éditeur, qui l'imprimera et là commentera. Tu as, pour ta part, découvert ce mot, mais, de mon côté, je ne reste point inactif. Il m'a paru que *sourdisis, id est* « diarrhée » est une expression hellénique. Je l'ai prise, je l'ai flairée de ci de là ; je la tiens. *Sourdisis* est une corruption vulgaire de *sordismos,* qui désigne le fait de ne point discourir purement et attiquement; cela se dit au figuré de la diarrhée, laquelle n'est autre chose qu'un barbarisme et un solécisme du ventre, et de même que nous qualifions le bavardage de flux de paroles (2), ainsi nous appelons inversement, le flux de ventre un ventri-sordisme.

Tiens, le *guérizi* est-il turc ou hellénique?

AUGUSTE.

Comment pourrait-il être hellénique?

––––––––

(1) Le mot « itrion » est dû aux rédacteurs du M. S. On le voit par une lettre de Coraïs, datée du 6 mars 1812. (Corresp. II) et où celui-ci appelle Ghazis « itriaste ».

(2) C'est un des termes, employés par Coraïs, qui choqua le plus Codrikas (Lettre aux éditeurs du M. S.).

ΣΩΤΗΡΙΟΣ

Ἴσα[1] αὐτὴ εἶνι ἡ μαγεία τῆς νέας ἰδικῆς μας μεθόδου. τὰς αἱ ὁποῖαι φαίνονται Τουρκικαὶ, Γαλατικαὶ, Ἰσπανικαὶ, ἡ νέα αὐτὴ τερατοποιὸς μέθοδος ἐξελληνίζει, καὶ καλλωπίζει. Ἰδοὺ τὸ ὁποῖον νομίζεις Τουρκικὴν λέξιν γκερίζι, εἶνι ἑλληνικώτατον. διεφθάρη ἀπὸ τὴν λέξιν Ἐκρυσεῖον, σημαίνουσαν τὸν διὰ τοῦ ὁποίου ἐκρέουσιν αἱ κοπρίαι τόπον.

ΑΥΓΟΥΣΤΟΣ

Ὦ θαυμασία, καὶ τὴν ὁποίαν πρέπει τις νὰ παραβάλλῃ μὲ τὰς ὠφελιμωτέρας ἀνακαλύψεις, μέθοδος ! παρατήρησον πόσον ἡ νέα ἰδική μας μέθοδος αὐτὴ ἐξευγενίζει τὰς λέξεις καὶ τὰς δυσειδεστέρας καὶ τὰς δυσωδεστέρας ! νομίζω, ὅτι τὸ ἐκρυσεῖον σου μ' ὅλον[2] ὅτι εἶνι τόπος κοπρίων, στάζει μέλι ἀττικόν· τὶς φιλογενὴς δὲν προτιμήσειν θέλει νὰ κυλίηται εἰς τὸ ἑλληνικὸν καὶ εὐγενικὸν ἐκρυσεῖον, καὶ ὄχι νὰ κολυμβᾷ εἰς τὸ χυδαϊκὸν ἀνθόνερον ; ὦ μέθοδος, μέθοδος !

ΣΩΤΗΡΙΟΣ

Μέθοδος, διὰ τῆς ὁποίας, ὑπόσχομαι, ὅτι ἀποδείξειν ἐμπορῶ ἑλληνικὰς λέξεις ὄχι μόνον τὰς Τουρκικὰς, τὰς Γαλατικάς, τὰς Ἀραβικάς, τὰς Σλαβονικὰς, ἀμμὴ κ' αὐτὰς τὰς Ἀθιγγανικάς.[3] ἐμπορεῖς ποτὲ νὰ συμπεράνῃς, ὅτι τὸ κενέφι, λέξις νομιζομένη Τουρκική, καὶ σημαίνουσα τὸν ἀπόπατον, εἶνι ἑλληνική ; ἕως εἰς τόσον[4] ἑλληνικὴ εἶνι· διότι, ἐπειδὴ καὶ ὁ ἀπόπατος εἶνι τόπος κενὸς φωτός, καὶ σκοτεινὸς ἐξεπίτηδες διὰ νὰ κρύπτηται ἡ ἀσχημοσύνη τῆς ἀφεδρωνικῆς ἐργασίας, ὠνομάσθη κενόφως, καὶ διαφθαρεῖσα κ' αὐτὴ ἡ λέξις ἀλλ' οἳ μόνον[5] ὠνομάσθη κενέφι· καὶ οἱ ἀπόγονοι τῶν ἐνδόξων Ἑλλήνων μὴ ἐξεύροντες[6] τοὺς ἰδικούς μας προγονικοὺς θησαυροὺς, ἐνομίζομεν, ὅτι εἶνι ξένη λέξις αὐτὴ τὸ Κενέφι, ἀποῦ δὲν εἶνι ἄλλο, παρὰ τοὺς τόπους τοὺς κενοὺς φωτός.

---

1) Ἴσα, ἀντὶς ἴσια. 2) Μ' ὅλον ὅτι, ἀντὶς μ' ὅλον ὁποῦ. 3) Ἀθιγγανικάς, ἀντὶς Κατσιβέλικαις, ἀπὸ τὸ ἑλλ ῥῆμα θιγγάνειν. 4) Ἕως εἰς τόσον, ἀντὶς ὡς τόσο. 5) Τὸ ἀλλοίμονον τὸ γράφουν ἀλλ' οἳ μόνον καὶ τὸ προφέρουν χωριστά. 6) Ἐξεύρω, ἀντὶς ἠξεύρω.

SOTIRIOS.

Mais c'est là précisément ce qui constitue la magie de la nouvelle méthode qu'est la nôtre. Les vocables qui semblent turcs, français, espagnols, cette prodigieuse méthode les atticise et les embellit. Ce *guérizi*, que tu cuidais turc, est du grec le plus pur, car c'est une corruption de *ekrysion*, qui signifie l'endroit par lequel s'écoulent les immondices.

AUGUSTE.

O méthode mirifique et qu'on devrait mettre en ligne avec les découvertes les plus utiles à l'homme! Remarque combien cette nouvelle méthode ennoblit les termes, même les plus laids, même les plus mal odorants! Il me semble que de ton *ekrysion*, qui cependant n'est qu'un lieu d'ordures, coule du miel attique. Quel patriote éclairé n'aimera mieux se rouler dans cet *ekrysion* si hellénique et si noble, que de nager dans ce qu'on appelle si vulgairement *anthonéron* ? Ah ! méthode ! méthode !

SOTIRIOS.

Méthode grâce à laquelle je me fais fort de prouver l'origine hellénique des mots non seulement turcs, français, arabes, mais même tsiganes. Eusses-tu jamais conjecturé que *kénéfi*, terme considéré comme turc et signifiant « latrines » est hellénique ? Et ce pendant il l'est car c'est parce que les latrines sont des lieux manquant de lumière, afin de voiler la laideur de l'opération évacuative, qu'on les a dénommées *kenofos*. Mais eh ! las, ce terme aussi a été l'objet d'une corruption et, dans notre ignorance des trésors ancestraux que nous ont légués les illustres Hellènes, nous avons tenu pour étranger ce *kénéfi*, qui n'est autre chose qu'un lieu dépourvu de lumière.

ΑΥΓΟΥΣΤΟΣ

Ὦ ἀνακάλυψις ἀξία τοῦ Ἑρμικοῦ φωτός. Ζήτω ἡ μέθοδος !

ΣΩΤΗΡΙΟΣ

Ἰδοὺ τρεῖς λέξεις, σορδισμός, ἐκρυσεῖον, καὶ κενέφι κάμνουσαι αἱ τρεῖς αὐταὶ τὴν ὁποίαν ἕως τῇ ὥρᾳ δὲν ἐπλουτίσαμεν ἑλληνικὴν φράσιν καὶ ἐμπορεῖς νὰ εἴπῃς : « οἱ κάτοικοι τῆς δεῖνα πόλεως ἔχοντες ἐπιδημίαν σορδισμοῦ, τόσον ἔκβαινον[1], καὶ ἔμβαινον εἰς τὰ κενόφωτα, ὥστε ἐξεχειλίσθησαν τὰ ἐκρυσεῖα. Καὶ αἱ Κύριαι Τουρκικαὶ λέξεις εἶνι κ' αὐταὶ Ἑλληνικαί : οἷον Μιμής, Ἰμβίς, Ἀχμέδης. φαίνεται εἰς σὲ τοῦτο παράδοξον, ἀμμὴ τῇ ὥρᾳ πιστεύσειν εἰς τοῦτο θέλεις. τὸ Μιμὶς εἶνι τὸ διεφθαρμένον τοῦ μῖμος, τὸ Ἰμβίς, τοῦ ἴβυς, τὸ Ἀχμέδης, τοῦ ἐχεμήδης, δηλ. ἐχέφροντις.

ΑΥΓΟΥΣΤΟΣ

Ἂν ἐξεύρειν ἤθελον, ὅτι ὁ Ἀχμέδης εἶνι διεφθαρμένον ἀπὸ τὸ ἐχεμήδης, ἤθελον ὠφεληθῆν, διότι εἰς τὴν ἰδικήν μου πατρίδα ἦτο[2] χαρτιστὴς[3] ὑπερβολικῶς ἄγριος, ὀνομαζόμενος Ἀχμέδης, καὶ μ' ἐνώχλει συχνῶς ὅταν μ' ἔβλεπε νὰ περῶ[4] ἔμπροσθέν του, ζητῶν νὰ ἴδῃ, ἂν εἶχον χαρτίον. ἀμμὴ ἂν ἤθελον ἐξεύρειν νὰ τὸν ὀνομάσω ἐχεμήδην, ἤθελον τὸν ὑποχρε ώσει, καὶ τὸν εὐχαριστήσει, λέγων εἰς αὐτὸν ὅτι ἔχει ἑλληνικὸν ὄνομα.

ΣΩΤΗΡΙΟΣ

Ἐνδέχεται νὰ ἤκουσες ποτὲ τὸ τραγῴδιον τῶν Ἀθιγγάνων, τὸ « ἄραντές μαράραντες χαρχολίβαντες ». καὶ τοῦτο ἑλληνικὸν εἶνι. ἀμμὴ εἶνι διεφθαρμένον. τὸ ὀρθὸν οὕτω εἶνι. « ἄραντες μὲρ' ἄραντες γὰρ χωλοὶ βάντες » δηλαδὴ ὑψώσαντες τὰ ὀμμάτια, ὑψώσαντες γάρ, καὶ χωλοὶ προπατήσαντες. τοῦτο φαίνεται ὅτι εἶνι ἀπόσπασμα ἀπὸ κἂν[4] ἓν λυρικὸν μέλος τοῦ Πινδάρου, ἢ τοῦ Βακχυλίδου, καὶ διεσώθη εἰς τὰ

---

1) Ἔκβαινον, ἀντὶς ἔβγαιναν. 2) Ἦτο, ἀντὶς ἦταν. 3) Χαρτιστής, ἀντὶς χαρατζῆς, ἀπὸ τὰ χαρτιὰ τοῦ δοσίματος ὁποῦ μοιράζει. 4) Περῶ, ἀντὶς περνῶ. 5) Κἂν ἕν, ἀντὶς κἀνένα.

AUGUSTE.

O découverte digne des lumières mercuriennes ! Vive la méthode !

SOTIRIOS.

Voici donc trois mots, *sordismos*, *ekrysion*, *kénéfi*, susceptibles de former une phrase hellénique dont jusqu'à présent nous n'avions point encore enrichi la langue. On peut dire dès lors : « Les habitants de telle ville, atteints d'une épidémie de sordisme, firent de telles allées et venues dans les cénophotes que les ecrysses débordèrent. »

D'ailleurs, les noms propres turcs eux-mêmes sont helléniques. Exemples : *Mimis, Imbis, Achmet*. Cela te paraît extraordinaire, mais tout à l'heure tu y vas croire, *Mimis* est une déformation de *mimos* (mime), *Imvis* de *ivys* (ibis) et *Achmet* de *Echémède*, *id est*, sage, prudent.

AUGUSTE.

Si j'eusse su qu'Achmet fût une corruption de Echémède, j'en eusse tiré grand avantage, car il y avait dans mon pays un payager de ce nom particulièrement féroce, qui, lorsque je passais devant lui, me tracassait souvent en me demandant si je n'avais rien à payer. Si j'eusse eu l'idée de l'appeler Echémède, je l'eusse flatté et il eût été content d'apprendre qu'il portait un nom hellénique.

SOTIRIOS.

Peut-être t'advint-il d'entendre la chanson des Tsiganes : « *arantes, mararantes, charkolivantes* ». Ceci aussi est hellénique, mais corrompu. La forme correcte est « *arandes mér'arandes gar kholi vantes*, id est *ayant levé les yeux, oui, levé et marché en boitant.* » Ceci a tout l'air de quelque fragment lyrique de Pindare ou de Bacchylide transmis par la bouche des Tsiganes. On ne

στόματα τῶν Ἀθιγγάνων. τὸ πῶς ἀμμὴ διεσώθη εἰς αὐτοὺς πρέπει διὰ τῆς ἱστορίας νὰ ἀναδηφισθῇ.[1]

ΑΥΓΟΥΣΤΟΣ

Τὶ ἔχουσι νὰ εἴπωσι τῇ ὥρᾳ εἰς αὐτὰ οἱ χυδαϊσταί, καὶ οἱ μακαρωνισταί ; αἴ ! αὐτοὶ χολωθῆν,[2] καὶ πικρανθῆν θέλουσιν, ὅταν ἴδωσιν εἰς τὰς φιλολογικὰς ἀγγελίας, ὅτι εὐαγγελίζονται αἱ λέξεις, καὶ αἱ περικοπαὶ αὐταὶ εἰς τὸ Γένος. ἀμμὴ νὰ τυπωθῶσι πρέπει σιμᾶ[3] καὶ στοχασμοὶ αὐτοσχέδιοι διὰ νὰ δώσειν θέλωσιν εἰς αὐτὰς τὰς λέξεις τὴν ἀπὸ τὴν ὁποίαν οἱ ἄνθρωποι ἐξιππάζονται σοβαρότητα.

ΣΩΤΗΡΙΟΣ

Ἑτοίμην ἔχω διφθέραν,[4] ὅπου καταχωρήσειν θέλω καὶ τὰς ὁποίας εἶπον τῇ ὥρᾳ λέξεις, καὶ ἄλλα πολλὰ ἰδικά μου ἀνακαλύμματα, καὶ τὰς στέλειν θέλω εἰς τὸν σοφὸν ἐκδότην Λογίου Ἑρμοῦ διὰ νὰ τὰς τυπώσῃ. ἐμπορεῖ αὐτὸς μ' αὐτὰς νὰ γεμίσῃ δέκα ἤτρια. ἀνὰ δώδεκα φλωρινικὰ νομίσματα τὸ καθ' ἓν ἤτριον, λογαρίασον ποῦ ἀναβαίνει τὸ κέρδος τοῦ φιλογενοῦς ἐκδότου.

ΑΥΓΟΥΣΤΟΣ

Δὲν ἐλογαρίασες ἀκριβῶς. δὲν ἠμπορεῖ νὰ πορισθῇ τόσον κέρδος μ' ὅλον ὅτι εἶνι φανερὸν ὅτι κερδίζει. διὰ τοῦτο βεβαίως τὸν ὑποχρεώσεις θέλεις, ἀποῦ στείλῃς εἰς αὐτὸν αὐτὰς

---

1) Ἀναδηφισθῇ, αὐτὴ ἡ λέξις, καθὼς καὶ τὸ πεπασμένος, καὶ τὸ ἤτριον καὶ ἄλλαις πολλαῖς λέξαις σκουριασμέναις ἑλληνικαῖς μεταχειρίζουνται ἀπὸ τοὺς ἀντιμακαρωνιστὰς Κορακιστάς. 2) Χολωθῆν, ἀντὶς ὀργίζεσθαι. 3) Σιμᾶ, ἀντὶς πλησίον. 4) Διφθέραν, ἀντὶς κατάστιχον, ἀπὸ τὴν τούρκικην λέξιν δεφτέρι. ἡ παραγωγὴ αὐτὴ ἐπενοήθη ἀπὸ τὸν Καντεμίρην. ἀνάγνωσαι τὰς ὑποσημειώσεις του εἰς τὴν Ἱστορίαν τῆς Τουρκίας Βιβλ. γ΄, Σημ. ζ΄. δὲν ἐπερνοῦσεν ἀπὸ τὸν νοῦν του ποτὲ ὅτι οἱ μεταγενέστεροί του Γραικοὶ θέλουν καταντήσει εἰς τόσην μανίαν, ὥστε νὰ ζητοῦν νὰ ἀποδείξουν ὅλαις ταῖς ῥιζικαῖς λέξαις τῶν Ἀσιατικῶν διαλέκτων παράγωγαις τῆς ἑλληνικῆς. ὁ Πύργος τῆς Χαλάνης ἐπολυπλασίασε ταῖς γλώσσαις, ἡ σημερινὴ μανία στοχάζεται νὰ τῆς χύσῃ εἰς ἕνα καὶ τὸν αὐτὸν τύπον. αὐτὴ πυργοποιία χειρότερη ἀπὸ τὴν πρώτην.

trouvera comment s'est faite cette transmission que par une étude historique très fouillée.

AUGUSTE.

Que pourront opposer à cela les vulgaristes et les macaronistes ? Quelle bile et quelle amertume, quand ils verront dans les nouvelles philologiques, la sainte annonce à la Nation de ces mots et de ces versets! Mais il y faudra adjouter des réflexions improvisées, afin de donner à l'ensemble le ton de gravité qui fait impression sur la foule.

SOTIRIOS

J'ai tout prêt, un quaterne, où j'insérerai les mots que je viens de t'énumérer, avec bien d'autres miennes découvertes, et que j'enverrai à l'éditeur du *Mercure Savant*, afin qu'il les imprime (1). Il en pourra remplir dix fascicules. A douze florins le fascicule, compte ce que peut être le gain de cet excellent patriote.

AUGUSTE

Tu t'es trompé dans tes calculs. Il ne peut faire de pareils profits, bien qu'il soit évident qu'il y gagne. Certainement, tu l'obligeras en lui communiquant tes découvertes, car plus progresse le *Mercure Savant*, plus il a l'air de s'épuiser. Tantôt l'éditeur le gonfle de ses propres commentaires, tantôt il le farcit d'une épître unique et filandreuse. Je vais lui conseiller deux procédés.

---

(1) Coraïs, dans ses lettres, parle souvent de son « difterion » où il inscrit des mots et des notes sur la langue. (Corr. II, Lettre n° 145.).

Κορακιστικά   4

τὰς ἰδικάς σου ἀνακαλύψεις. διότι ὅσον προχωρεῖ ὁ Λόγιος Ἑρμῆς, τόσον φαίνεται, ὅτι στειρεύει, καὶ πότε ὁ ἐκδότης τὸν πρίσκει μὲ τὰ ἰδικά του σχόλια, πότε τὸν παραγεμίζει μὲ μίαν καὶ μόνην σχοινοτενῆ ἐπιστολήν. ἐγὼ θέλω τὸν συμβουλεύσειν δύο τρόπους. πρῶτον νὰ γεμίσῃ δέκα εἴκοσι ἤτρια γράφων τὰς εἰκόνας τῶν ἐφευρετῶν, καὶ τῶν ἐνδοξοτέρων ὀπαδῶν τῆς νέας αὐτῆς γλώσσης, δεύτερον νὰ ἀραιῇ τὰς σελίδας, καὶ νὰ μεγαλύνῃ τοὺς χαρακτῆρας τοῦ τύπου διὰ νὰ πιάνωσι πολὺν τόπον εἰς τὰ ἤτρια. ἕως εἰς τόσον κατόπι θέλομεν ὁμιλήσειν περὶ τούτων, ἀμμὴ τῇ ὥρᾳ, διὰ νὰ εὕρω τὸ καμπούρης, ὅτι εἶνι ἀπὸ τὸ καμπυρὸς ἐκοπίασα, καὶ ἀνοίχθη ἡ ὄρεξίς μου, καὶ πεινῶ καὶ θέλω νὰ φάγω.

ΣΩΤΗΡΙΟΣ

Τῇ ὥρᾳ ἐγρήγορα χορτασθῆν θέλεις. Μύκη Μύκη, ὦ Μύκη. (α)

ΣΚΗΝΗ ΔΕΥΤΕΡΗ

ΣΩΤΗΡΙΟΣ, ΑΥΓΟΥΣΤΟΣ ΚΑΙ ΜΥΚΗΣ

ΣΩΤΗΡΙΟΣ

Μύκη ; ὁ φίλος πεινᾷ. ἐτοίμασον ἐγρήγορα τὸ τραπέζιον. κἂν[1] τι ἔξωρα[2] ὁ μάγειρος θέλει νὰ μᾶς δώσῃ σήμερον νὰ ἀριστήσωμεν ;

ΜΥΚΗΣ

Ἕτοιμ' ὦνναι.

ΣΩΤΗΡΙΟΣ

Τὰ ὁποῖα παραγγέλειν εἰς σὲ εἶχον φαγητά, ἡτοίμασας ; προστάξειν εἰς σὲ εἶχον, νὰ κάμῃς βραστὸν ζωμίον μὲ κομμάτια ψωμίων, ἥμισυ ἐψητὸν ἀρνίον, ταλάριον[3] τριγλίων (β) εἰς τὴν ἐσχάραν, καὶ τὸ ὁποῖον πωλοῦσιν εἰς τὸ τοῦ Βαραβᾶ[4] Ἰωάννη καπηλεῖον κρασίαν. αὐτὰ ἡτοίμασας ὅλα ;

Les notes redigées en français sont dues au traducteur.

(α) Φωνάζει τὸν δοῦλο του τὸν Μικέ.

1) Κἄν τι, ἀντὶς κάτι. 2) Ἔξωρα, ἀντὶς ξώρας. 3) Ταλάριον, ἀντὶς ταλέρι. 4) Βαραβᾶ Ἰωάννη, ἀντὶς μπάρμπα Γιάννη.

(β) diminutif de τρίγλη = rouget. Le terme usuel est μπαρμπούνι (ital.).

D'abord remplir dix ou vingt fascicules avec les portraits des inventeurs de cette nouvelle langue et de leurs disciples les plus illustres. Ensuite interligner davantage et choisir de plus grands caractères typographiques. Du reste, nous en reparlerons. Pour le moment, cette dérivation de *kambouris* m'a fait suer sang et eau et j'ai un formidable appétit.

SOTIRIOS

Tu vas pouvoir le satisfaire. Myki, Myki, ô Myki !

Scène II

SOTIRIOS. AUGUSTE et MYKIS

SOTIRIOS

Myki, mon ami a faim. Dresse vite la table. D'où vient que le cuisinier nous fasse déjeuner plus tard aujourd'hui ?

MYKIS

Es preste.

SOTIRIOS

Les mets que je t'avais commandés les as-tu préparés? Je t'avais indiqué du bouillon aux croûtons, un demi agneau rôti, une cabirotade de trigles et de ce vin qu'on vend au cabaret de Barabas Yani. As-tu tout préparé ?

ΜΥΚΗΣ

Οὐλλ' ἔτοιμ' ἄνναι.

ΑΥΓΟΥΣΤΟΣ

Αὐτὸς ὀνομάζεται Μικές, διατὶ τὸν κράζεις Μύκην ;

ΣΩΤΗΡΙΟΣ

Επειδὴ ἡ λέξις Μικὲς εἶνι χυδαϊκή, τὸν κράζω Μύκητα, λέξις ἡ ὁποία θέλει νὰ εἴπῃ μανιτάριον.

ΜΥΚΗΣ

Ἐδᾶ γιαῦτὸ θές, σὰ μὲ κράξῃς νὰ φυτρόν' ὀχοννοῦς σὰν τὸ μανιττάριν.

ΣΩΤΗΡΙΟΣ

Ἐτοίμασον τῇ ὥρᾳ τὸ τραπέζιον, καὶ δὸς εἰς ἡμᾶς εἴδησιν ὕστερον. ἐγώ, Αὔγουστε, σὲ ἐπαίρω[1] τῇ ὥρᾳ εἰς τὸ σπουδαστήριον διὰ νὰ φιλολογήσωμεν ἐντάμα·[2] δέκα ἡμέραι εἶνι ἀποῦ κατεχειρίσθην νὰ εὕρω τὴν λέξιν γάδαρος, πόθεν διεφθάρη. ἀγωνίζομαι νὰ πλουτίσω τὸ ἰδικόν μας γένος καὶ μὲ τὴν ἀνακάλυψιν αὐτήν. συμπεραίνω μήπως εἶνι ἀπὸ τὴν λέξιν κάνθαρος, ὕστερον γάνθαρος, ὕστερον γάνδαρος, ὕστερον γάδαρος. πῶς φαίνεται εἰς σὲ αὐτὴ ἡ σοφὴ παραγωγή ;

ΑΥΓΟΥΣΤΟΣ

Κάνθαρος, γάνθαρος, γάνδαρος, γάδαρος ! θαυμαστὴ παραγωγή ! ἀξιόλογος γάδαρος ! μὴ στέκεσαι, σχολίασον τὴν παραγωγὴν αὐτήν, τύπωσον καὶ φανέρωσον αὐτὴν εἰς τὸ Γένος, διὰ νὰ ἰδῇ πῶς γίνεται ὁ γάδαρος.

ΜΥΚΗΣ (κατ' ἰδίαν)

Στὸ πάγιο μου κατὰ πῶς γενήκετέν ν' ἐσεῖς.

ΣΩΤΗΡΙΟΣ

Ὑπάγωμεν· εἰς τὸ σπουδαστήριον λοιπὸν νὰ μελετήσωμεν τὸν γάδαρον, καὶ ὕστερον ἀποῦ ἑτοιμασθῆν θέλει τὸ τραπέζιον, κράξειν ἡμᾶς θέλει ὁ Μύκης.

---

1) Ἐπαίρω, ἀντὶς πέρνω. 2) Ἐντάμα, ἀντὶς ἀντάμα.

MYKIS

Qu'es tout preste.

AUGUSTE

Il s'appelle Miké, pourquoi le baptises-tu Myki ?

SOTIRIOS

C'est parce que Miké est un mot vulgaire que je l'appelle Myki, terme qui signifie « champignon ».

MYKIS

Qu'es en d'aco (1) que bos (2), que sourtisse astan biste (3) qu'un cep, quand m'apéros (4).

SOTIRIOS

Prépare maintenant la table et apporte-nous le message. Quant à toi, Auguste, je t'emmène dans mon cabinet de travail, pour que nous philologuions ensemble. Il y a dix jours que j'ai entrepris des investigations sur la corruption du mot gadaros (âne) (5). Je lutte et peine pour enrichir notre pays de cette découverte. Il s'agit, je présume, de kantharos, devenu gantharos, puis gandaros, puis gadaros. Que te semble de cette savante dérivation ?

AUGUSTE

Kantharos, gantharos, gandaros, gadaros ! Admirable ! Voilà un âne d'importance. Ne t'arrêtes point. Commentes-en la dérivation. Qu'elle soit publiée, qu'elle soit divulguée à la Nation, afin que celle-ci voie ce de quoi est fait un âne.

MYKIS (à part)

Per moun parrain ! coumo es hey (6) bous tabé (7).

SOTIRIOS

Allons cependant dans mon cabinet étudier notre âne, et lorsque la table sera prête, Mykìs nous en avertira.

------

(1) C'est pour cela. (2) Tu veux. (3) Aussi vite. (4) Tu m'appelles.

(5) Mot arabe de « kadur » (malpropre), adjectif appliqué à l'âne. Coraïs le faisait dériver de kantharos. Sur les différentes dérivations du mot consulter « Hadzidakis ». « Etudes linguistiques », tome I. Athènes, 1901. (6) Fait. (7) Aussi.

ΣΚΗΝΗ ΤΡΙΤΗ

ΜΥΚΗΣ (μονάχος)

Φρένιμμα τὸ λέσι 'ς τὸν τόπον μου 'ς 'τὴ Χχιό, τὸ πῶς οἱ
·Γραμματισμένοι χρωστοῦσι τῆς Μιχαλλοῦς. ἴνδα διάοντρο
ἔχ' αὐτὸς μὲ τ' ὄνομμά μου· μένα λέσι Μικέ, κ' ἐττοῦτος κράν-
τζει μμὲ μανιττάριν, 'ς τὴν τράπεζαν μοῦ κολλᾷ ἕνα ἴον, καὶ
μοῦ τὸ κάννει τραπέζιον, τὸ ταχχύ,[1] μοῦ τὸ φκιάννει πρῳνόν·
τὸ τώρη, τῇ ὥρᾳ, κι' ἄλλα τέτοια κολοκκύθια κατζουννάτα.
καὶ τόσο ξεψυχιασμένος ἔννε γιὰ τοῦττα τὰ μουσχαραλίκια,
ποῦ πληρώνειμμε γιὰ νὰ μαθέννω τα. γιὰ δὲς τέτοιον λωλλόν·
μέννα ἴνδα[2] μοῦ πατζάρει· ἂς πασσέρνειμμου τὰ στρογγυλ-
λά, κι' ὄχι μανιττάριν, μὰ καὶ ρεππάνιν ἂς μοῦ πῇ πῶς εἶμ-
μαι· μ' ἄθελλα νὰ μοῦ ξηγήσσουσσι τὰ γράμματα, κ' ἡ σοφία,
ποῦ λέσιν, ἐτούτη νάνναι σὰν ἐτουτουννοῦ τοῦ σ ε λ ε π π ῆ
μ ο υ ;[3] ἂν ἔννε τούττῃ, χαρᾶς τῇ λωλλάδα μᾶς τῶν χωριά-
των ποῦ θαρρούμεναι τοὺς γραμματισμένους νάνναι κάτιν τι.
ἔν πᾶσσι 'ς τ' ἀνάθεμα κ' ἐτοῦττοι, καὶ τὰ γράμματάττους,
καὶ τὰ σχόλιά τους.

ΣΚΗΝΗ ΤΕΤΑΡΤΗ

ΜΥΚΗΣ ΚΑΙ ΕΛΕΝΙΣΚΗ

ΕΛΕΝΙΣΚΗ

Μικέ, τὶ κάμνεις ἐδῶ ; κάτι νωρὶς ἑτοιμάζεις τὸ τραπέζι.

ΜΥΚΗΣ

"Αν σ' ἀκούσ' ὁ πατέρας σου νὰ μὲ κράντζῃς Μικέ, κι' ὄχι
Μύκη, νὰ δῇς τρττενᾶ φαρδομάννικαις δουλειαῖς· 'κεῖνος
λωλλαίνεται γιὰ νὰ μὲ κράντζῃ Μύκη. καμμιὰ μμέρα φοββοῦ-
μαι μὴ τύχχῃ καὶ βράσσῃ μμε, καὶ πιῇ τὸ ζουμμί μου, θαρεύ-
γωντάς με μανιττάριν.

ΕΛΕΝΙΣΚΗ

"Αφσ' αὐτοὺς τοὺς χορατάδες σου. δὲν ἔχ' ὄρεξ' ἀπ' τὸ

---

1) demain. 2) mot barbare d'après Coraïs (Atakta I 229)
pour τὶ εἶναι τά. 3) maître.

Scène III

MYKIS *(seul)*

Lous (1) de moun pais à Chio qu'an bougromen re-
soun de disé qu'un saben (2) qu'a toutjours uno targa-
gno (3). Què diable bo aquet (4) à moun nom? Jou
m'apéron Miké. Et mè batizo cep. Que mè baillo un ion
a *trapeza* et m'en tiro un *trapezion*. Que biro lou *tachi* en
prono, lou *tori* en *ti ora* e tout espèço de ratatouillo.
Qu'aymo tan aquéros farços què mé baillo argen en de
los aprenga. Jamais n'ey bis pareil pegas (5). Que bos
que me hasque aco, à jou ? (6) Que ma passe sulomen
sous picaillous (7) e que me batise coumo bouille, cep
ou mémo rafle, Saquela (8) qu'aouri boulut què m'es-
pliquese, ce qu'aperon lou sabé es coumo lou dou pa-
troun. Sé sé semblon, quino peguesso en de nous aous
paysans d'créze qu'un saben est cauqu'un pas piqué dous
bernis? (9). Ma foué què s'en angen aou diable, ets, soun
sabé e sas escolos!

Scène IV

MYKIS et HELENISQUE

HELENISQUE

Miké, qu'est-ce que tu fais ici ? Il est un peu tôt pour
préparer le couvert ?

MYKIS

Se bosse pay (10) bous entendeouo dise Miké, aou
lot (11) de Mykis, qu'haré un afa ! (12) Es ho de plasé
quand pot m'appéra Myki. Ey poou (13) que me prengue
por un cep e me hasque cose (14) cauque jour, en de
béoué (15) lou bouillon.

HELENISQUE

Trève de plaisanteries. Je ne suis pas d'humeur à les

---

(1) Ceux.   (2) Savant.   (3) Araignée.   (4) Celui-là a-t-il.
(5) Toqué.   (6) Je m'en bats l'œil.   (7) Sa monnaie.   (8) Tou
de même.   (9) C'est pas piqué de vers.   (10) Votre père.   (11) Au
lieu.   (12) Il y en aura une affaire.   (13) J'ai peur.   (14) Me faire
cuire.   (15) Gobelotter.

πουρνὸ νὰ τοὺς ἀκούω. πέμ᾽, εἶδες τὸν Γιάγκο σήμερα ᾽δῶ
᾽ς τὸ σπῆτι ;

ΜΥΚΗΣ

Κάττ᾽ ὦνναι.

ΕΛΕΝΙΣΚΗ

Μὴν ἔτυχε καὶ τὸν παρατήρησ᾽ ὁ πατέρας μου ;

ΜΥΚΗΣ

Ἔν καττέχεις ἴνδα διάοντρου κάρτζ᾽[1] ἄνναι. ἔρχεται σὰν
τὸν βουρκόλλακα ἀπ᾽ τὰ μουχρώματα, καὶ κἀννένας ἕν θω-
ρεῖ τον.

ΕΛΕΝΙΣΚΗ

Εἶναι τρόπος ἄραγε νὰ τὸν ἀνταμώσω ;

ΜΥΚΗΣ

Ἄν θὲς σοῦ τὸν φέρνω δῶ ππάνω. ὁ Κύρρης[2] σου μὲ τὸν
Αὔγουστο τρυππώσασσι κ᾽ οἱ δυὼ κεῖ ποῦναι τὰ πολλὰ βι-
βλιά, κ᾽ ἀνακατώννουσίν τα κατὰ πῶς ἀνακαττώνουσι μὲ τὴν
χουλιάρα οἱ βορδοναρρέοι[3] τὰ φασούλια.

ΕΛΕΝΙΣΚΗ

Πήγαινε λοιπὸν σὲ παρακαλῶ, φώναξέ τον νἄρθ᾽ ἀπάνου.
κ᾽ ἐγὼ φωνάζω τὴν Ἀπλοχερίτζα, κ᾽ ἑτοιμάζει τὸ τραπέζι ᾽ς
τὸν τόπο σου.

ΜΥΚΗΣ

Καττέχω πῶς ἕν ἀγαπᾷς τὰ ψώμματα. τὸ λοιπὸ λέγω σσου
τὴν ἀλήθεια. ποννεῖ μου τὸ δόντι γιὰ τὴ ξαθοῦλλα τὴν Ἀπλο-
χερίσσα. ζάνουμμου[4] κοκονίσσα, νὰ στεφανώσῃς με μὲ τούτ-
την δᾶ.

ΕΛΕΝΙΣΚΗ

Μή σε μέλει, πήγαινε γλήγορα, φώναξέ τον.

---

1) κάλτσα. Comparer : ἦλθα, ἦρθα. 2) père. Se dit aussi
Ἀφές, Ἀφέντης et Τσύρης. 3) muletier. 4) mon âme (turc).

entendre d'aussi bon matin. Dis-moi, as-tu vu Yanko aujourd'hui ici chez nous ?

MYKIS

Qu'es en bas.

HELENISQUE

Mon père l'aurait-il vu par hasard?

MYKIS

Sabos pas encouero quino grane de diable què hè ? arribo coume un rebenan dè l'aoubo. Digun non lou bey (1).

HELENISQUE

Y aurait-il moyen de le rencontrer ?

MYKIS

As qu'à boule (2) e lou hey mounta. Lou pay es anat se fourra dambe (3) l'Augusto den la crampo (4) dous libres e soun aqui a hourrega (5) coumo baylets que tournejon las mounjetos (6) dan la gaho (7).

HELENISQUE

Va donc lui dire de monter, je t'en pris. Moi, je vais chercher Aplocheritza, pour mettre le couvert à ta place.

MYKIS

Bési (8) qu'aymos pas la mensountjos. Baou doun te disse la bertat (9). Que l'aymi equero bloundetto Aplocheritza que n'ey maou de cachaous (10). Mestresso aymada, te cadra nous marida ensemble.

HELENISQUE

Ne t'inquiète pas ; va vite, appelle-le.

---

(1) Personne ne le voit.   (2) Tu n'as qu'à vouloir.   (3) Avec. (4) Chambre.   (5) Fourrager.   (6) Favioles.   (7) Cuiller.   (8) Je vois.   (9) Vérité.   (10) J'ai un mal de dents.

ΣΚΗΝΗ ΠΕΜΠΤΗ

ΕΛΕΝΙΣΚΗ ΚΑΙ ΑΠΛΟΧΕΙΡΙΣΚΗ

ΕΛΕΝΙΣΚΗ

Ἔλα, πιάσε νὰ ἑτοιμάσῃς τὸ τραπέζι. ὡς τόσο δὲν μὲ συμβουλεύεις, Ἀπλοχερίτζα, τὶ τρόπον νὰ μεταχειρισθῶ διὰ ν' ἀλλάξω τὴν ἀμετάβλητην ἀπόφασι τοῦ Πατρός μου ; ἐγὼ νὰ παντρευθῶ μ' ἄλλόν ἐξ' ἀπ' τὸν Γιάγκο εἶναι τῶν ἀδυνάτων ἀδύνατο. ὁ πατέρας μου ἐξ ἐναντίας δὲν ὑποφέρνει μήτε νὰ τὸν ἰδῇ, μήτε νὰ τὸν ἀκούσῃ. εἶναι δυὼ χρόνια σχεδὸν τώρα ὁποῦ ὁ πατέρας μου ἀρρώστησ' ἀπ' ἓν ἀλλόκοτο πάθος, τὸ νὰ ὁμιλῇ Κορακιστικά, καὶ ἄλλο δὲν κάμνει παρὰ νὰ σκαλίζῃ λεξικά, νὰ πλάττῃ λέξαις ἀνήκουσταις, καὶ παράξεναις, νὰ διαβάζῃ κάτι διαβολόχαρτα τυπωμένα, ὁποῦ τὰ ὀνομάζουν Λόγιον Ἑρμῆ, καὶ νὰ γράφῃ, καὶ νὰ λαλῇ μιὰ γλῶσσα, ὁποῦ τὴν δημιουργεῖ ὁ ἴδιος. ἐγὼ τὶ νὰ κάμω ; γιὰ νὰ τὸν ὑποχρεώσω, βιάζω τὸν ἑαυτόν μοῦ νὰ μάθω αὐταῖς ταῖς ἀηδέστααταις φλυαρίαις, καὶ μ' ὅλον ὁποῦ δὲν γυρνᾷ ἡ γλῶσσα μου 'ς αὐτὰ τὰ καταραμένα κορακιστικά, μ' ὅλον τοῦτο, ἐπειδὴ καὶ τὰ λατρεύει, βιάζουμαι κ' ἐγὼ νὰ τὸν ὁμιλῶ κατὰ τὴ γλῶσσα του. εἰς κάθε λέξι 'δική του, ὁποῦ ἤθελα προφέρει, μὲ δίδει τὴν εὐχή του· μάλιστα ὅταν τὸν λέγω τὸ κᾶν ποια, καὶ τὸ πρωνόν, νὰ τὸν ἰδῇς πῶς καμαρώνει. ὤ ! τῇ ἀληθείᾳ μ' ὅλον ὁποῦ δὲν ἔχω ὄρεξι, πάλαι γέλοια μ' ἔρχονται... ὡς ἐδῶ ὁ πατέρας μου εἶν' ὑποφερτός· πλὴν εἶν' ἀνυπόφερτος διὰ πεῖσμα ὁποῦ ἔχει εἰς τὸ νὰ μὴν κάμῃ ποτὲ γαμπρὸν Κωνσταντινουπολίτη, λέγωντᾶς ὅτι αὐτοὶ εἶναι ἕν' ἀπὸ τὰ δύω, ἢ χυδαϊσταί, ἢ μακαρωνισταί· καὶ μ' ὅλον ὁποῦ ὁ Γιάγκος τρέχει 'ς τὰ νερά του, καὶ ὑποκρίνεται, ὅτι χάνει τὸν νοῦν του γιὰ τὰ κορακιστικά του, πάλαι ὁ πατέρας μου δὲν τὸν πιστεύει, καὶ τὸν ὑποπτεύεται. τὶ νὰ κάμω ; δὲν μὲ λές, Ἀπλοχερίτζα ; πάλαι σὲ τὸ λέγω, νὰ πάρω ἄλλον ἄνδρα, εἶν' ἀδύνατο.

ΑΠΛΟΧΕΙΡΙΣΚΗ

Παρακάλεσε τὸν ἐπίσκοπον Κλαδουπόλεως, βάλλ' αὐτὸν μεσίτη 'ς τὸν πατέρα σου· αὐτὸς ἔχει 'ς ἐκεῖνον μεγάλην ὑπό-

Scène V

HELENISQUE et APLOCHERISQUE
HELENISQUE

Viens, mets-toi à préparer la table. Mais, ce faisant ne pourrais-tu pas me conseiller, Aplocheritza, sur le moyen à employer pour modifier la décision irrévocable de mon père. Epouser un autre que Yanko, c'est pour moi tout ce qu'il y a de plus impossible. Mon père, par contre ne peut souffrir ni le voir, ni le sentir. Voilà bientôt deux ans que mon père est atteint d'un mal étrange. Il parle le korakistique et ne fait que fouiller les dictionnaires, forger des mots inouïs, lire ces maudites paperasses imprimées qu'on appelle le *Mercure Savant,* écrire et parler une langue qu'il s'est fabriquée de toute pièce. Que faire ? Pour lui être agréable, je me contrains à apprendre toutes ces fastidieuses sornettes et bien que ma langue se prête malaisément à ce damné jargon, je m'efforce cependant de lui parler dans cette langue qu'il adore. A chaque mot à lui que je prononce, il me donne sa bénédiction. Et si tu voyais comme il rengorge quand je lui dis « prono » et « kan pia » ! En vérité, quoique je n'en ai guère envie, il me prend parfois un fou rire... Jusqu'ici, passe encore. Mais là où mon père devient tout à fait insupportable, c'est lorsqu'il s'obstine à ne pas vouloir d'un Constantinopolitain pour gendre, sous prétexte que les gens de Constantinople sont de deux choses l'une : soit vulgaristes, soit macaronistes. Et quoi que Yanko ne demande qu'à tourner du côté où le vent souffle et feigne de s'être engoué des korakistiques, mon père ne lui fait pas confiance et se méfie. Que faire Aplocheritza? que me conseilles-tu? Je t'affirme encore qu'il m'est impossible d'épouser un autre que lui.

APLOCHERITZA

Que ne t'adresses-tu à l'archevêque de Cladoupolis ? (1) Dis-lui d'intervenir auprès de ton père, qui l'a

---

(1) Allusion à Ignatius, archevêque d'Hongro-Valachie, président de la Société du Lycée grec de Bucarest.

ληψιν. ἐκεῖνος ἠμπορεῖ, στοχάζουμαι, νὰ τὸν καταπείσῃ.

ΕΛΕΝΙΣΚΗ

Μὴ μ' ἀναφέρνεις αὐτὸν τὸν Κλαδουπόλεως. αὐτὸς πότε ἔκαμε κανένα καλό, ὁποῦ νὰ κάμῃ καὶ τώρα ; ἐγὼ ἐστοχάσθηκ' ἄλλον τρόπον. εἶπα προχθὲς τὸν Γιάγκο, νὰ κάμ' ἓν ἐγκώμιο 'ς τὸν πατέρα μου μὲ στίχους εἰς τὴν καινούργια γλῶσσα του· ἴσως μὲ τοῦτο τὸν ἑλκύσῃ. Δὲν ἠξεύρω ὅμως ἂν τὸ ἔκαμε. νάτος ἔρχεται. πρόσεχ', Ἀπλοχερίτζα, ἐνόσῳ ἐγὼ συντυχαίνω μὲ τὸν Γιάγκο, φύλαγ' ἐσὺ ἀπέξω, καὶ εὐθὺς ὁποῦ ἤθελες ἰδῇ τὸν πατέρα μου ὅτι εὐγαίνει, δόσε με εἴδησιν, διὰ νὰ κρυφθῇ ὁ Γιάγκος.

ΣΚΗΝΗ ΕΚΤΗ

ΙΩΑΝΝΙΣΚΟΣ ΚΑΙ ΕΛΕΝΙΣΚΗ

ΙΩΑΝΝΙΣΚΟΣ

Κερά μ' ἀπ' τὰ χαράματα ὁ ἄθλιος εἶμ' ἐδῶ κρυμένος κάτω διὰ νὰ εὕρω καιρὸν νὰ σὲ ἰδῶ.

ΕΛΕΝΙΣΚΗ

Τὶ ἀθλιότης ! ὡς πότε θὰ τρέχ' αὐτὴ ἡ τυραννία ! ἐγὼ πλέον νὰ ὑποφέρω αὐτὸ τὸ μαρτύριο δὲν ἠμπορῶ. ἄκουσα νὰ διηγοῦνται, ὅτι πολλοὶ πατέρες ἐμπόδισαν τὴν κλίσι τῶν παιδιῶν τους εἰς τῆς πανδρειᾶς τὸ κεφάλαιον, ἄλλοι μὴ θέλωντας νὰ κάμουν ἀγενῆ γαμπρόν, ἄλλοι μὴ θέλωντας φτωχόν, ἄλλοι μὴ θέλωντας ἄσωτον, καὶ ἄλλοι δι' ἄλλαις αἰτίαις, δὲν ἀκούσθηκ' ὅμως ποτὲ νὰ ἐμποδίζ' ἕνας πατέρας τὴν μοναχοκόρη του ἀπὸ τὸ νὰ πανδρευθῇ μὲ Κωνσταντινουπολίτη, λέγωντας ὅτι αὐτὸς εἶν' ἐχθρὸς τῆς καινούργιας γλώσσας.

ΙΩΑΝΝΙΣΚΟΣ

Καὶ πῶς ; κερά μου, νομίζεις, ὅτι αὐτὴ ἡ μανία τῆς καινούργιας γλώσσας εἶν' ὀλίγο πρᾶγμα ; αὐτὸ εἶναι τέτοιο φοβερὸ κακό, ὥστε προφητεύω, ὅτι θὰ χυθοῦν καὶ αἵματα διὰ τὴν ὑπεράσπισίν της. ὅσο θὰ ἐμποδίζεται, τόσο θὰ δαιμονίζεται. καὶ οἱ ὁπαδοί της εἶν' ἕτοιμοι ἀπ' τὸν ἐνθουσιασμό τους νὰ σκοτώσουν, καὶ νὰ σκοτωθοῦν, ἂν τὸ καλέσ' ἡ χρεία καὶ θέλουμεν ἰδῇ νὰ συγγραφθῇ καὶ μαρτυρολόγιον ἐκείνων· ὁ-

en grande estime. Il arrivera, je pense, à le convaincre.

HELENISQUE

L'archevêque de Cladoupolis! Ne m'en parle pas!
A-t-il jamais rien fait de bon ? Tiens, il m'est venu à
l'esprit autre chose. J'ai dit l'autre jour à Yanko de
composer des vers en l'honneur de mon père dans ce
nouvel idiome. Ce serait peut-être un moyen de se le
concilier. Mais j'ignore s'il l'a fait. Le voici. Il arrive.
Attention. Aplocheritza, pendant que je m'entretiendrai
avec Yanko, monte la garde au dehors, et si tu voyais
mon père, avertis-m'en, afin que Yanko ait le temps de
se cacher.

Scène VI

JOANNISKOS et HELENISQUE

JOANNISKOS

Je reste là, misérablement caché, dès la pointe du jour,
attendant l'occasion de te voir.

HELENISQUE

Quelle infortune ! Jusqu'à quand cette tyrannie va-
t-elle durer ? Je ne peux plus supporter ce martyre. J'ai
souvent entendu parler de pères qui se sont opposés à
l'inclination de leurs enfants sur le chapitre du mariage,
les uns ne voulant pas d'un gendre de maison obscure,
les autres d'un gendre qui fut pauvre, les troisième d'un
gendre dissolu, et d'autres, enfin, pour diverses raisons.
Mais a-t-on jamais entendu parler d'un père qui empê-
chât sa fille unique d'épouser un Constantinopolitain
sous prétexte que celui-ci est un ennemi de la langue
nouvelle.

JOANNISKOS

T'imagines-tu, par hasard, que cette manie de la nouvelle langue soit chose de peu de cas ? Le mal me paraît si terrible, que je prédis que l'on ira jusqu'à verser

ποῦ ἤθελαν θυσιάσει τὴν ζωή τους γι' αὐτὰ τ' ἀναθεματισμέ-
να κορακιστικά.

ΕΛΕΝΙΣΚΗ

Ὡς τόσο ἔκαμες τὸ ἐγκώμιο ὁποῦ σὲ εἶπα ;

ΙΩΑΝΝΙΣΚΟΣ

Μάλιστα· νά το, πάρε το, διάβασέ τό νὰ ἰδῆς τὴν γλύ-
κα του.

(Ἡ Ἐλενίσκη πέρνει καὶ διαβάζει μεγαλοφώνως τὸ ἐγκώμιο)
Ἐκβῆκας ἥρως θαυμαστὸς εἰς τῶν Γραικῶν τὸ Γένος,
Εἰς τὴν διφθέραν τῶν σοφῶν θέλεις ταχθῆν γραμμένος,
Κάθε πρωνὸν λέξεις καινὰς ὡς θησαυροὺς προβάλλεις,
Καὶ πρὸς κοινὴν ὠφέλειαν εἰς τὸν Ἑρμῆν τὰς βάλλεις.
Τὸ Γένος δὲ εὐχάριστον, δὲν θέλει σιωπήσειν,
Ἀμμὴ ἐντάμα ὡς σοφὸν ἐσὲ θέλει ὑμνήσειν.
Σὺ μὲ τὸ ν ι ἐγλύκανας ὡς ἂν ποτὸν μοσχάτον,
Τὸ τέλος τῶν χυδαϊκῶν στυφῶν ἀπαρεμφάτων.
Σὺ ἔκαμες νὰ ἔχωμεν κατὰ χυδαίων μῖσος,
Μὲ τὰ ἐξεύρω, τὸ ἀποῦ, τὸ ἴδω, τὸ ἀπίσως.
Καὶ κατὰ Μακαρωνιστῶν συγγράψας ἐναντίον (α),
Ἐχθροὺς σχεδὸν μᾶς ἔκαμες καὶ τῶν μακαρονίων.
Ὅτ' ἐμπορεῖ ν' ἀττικισθῇ ἡ γλῶσσα ἡ χυδαία (6)
Εἶν' ἰδική σου θαυμαστὴ πρωτόφανὴς ἰδέα.
Τὰ ἄρθρα σὺ τῶν γενικῶν, τὸ μίαν, καὶ τὸ ἕνα (γ);

(α) Οἱ Κοραϊσταὶ ἐλέγχωντας τοὺς μιξοβαρβαρογράφους, ὅτι
μακαρωνίζουν, δηλ. ὅτι μεταχειρίζουνται λέξεις στρυφναῖς καὶ συνθήκην στρυφνὴν ἀνάρμοστην μὲ τοὺς ἄλλους βαρβαρισμούς των,
πέφτουν εἰς τὴν ἴδιαν ἀτοπίαν, μεταχειριζόμενοι εἰς τὰ συγγράμμα·
τά τους καὶ λέξεις στρυφνότεραις, καὶ συνθήκην γρυφωδέστερην,
ὦ σύστημα, πόσον ἀπατᾷς !

(β) Τὰ, ἀπὸ τὴν ὁποίαν, ὁ τοῦ ὁποίου εἶνι κτῆμα οἶκος, γράψειν
θέλομεν, τὸ ἐπαινέσειν θέλομεν, καὶ ἄλλα τέτοια πολλά, εἶναι, λέγουν, ἀττικὰ ἰδιώματα· ναί· ἴσως ἀττικὰ ἰδιώματα, πλὴν ρωμαῖκα
αἰνίγματα.

(γ) Εἰς τὰ ἀόριστα ὀνόματα, λέγουν, δὲν εἶν' ἑλληνικόν, νὰ βά-
ζουμεν τὸ ἕνας, καὶ τὸ μία· καθὼς « ἦρθε, καὶ μὲ ἦρὲ μιὰ γυναῖκα » καί, « ἐκεῖνο ὁποῦ μὲ γράφεις διὰ τὸν ἐρχομὸν τοῦ Νικόλα »
πρέπει νὰ λέγεται ἔτζι « τὸ ὁποῖον γράφεις εἰς ἐμὲ περὶ τοῦ ἐρχο-
μοῦ τοῦ Νικολάου ».

pour elle des flots de sang (1). Plus on l'entravera, plus elle se démènera, et ses partisans, dans leur enthousiasme, ce sont gens à tuer et à se faire tuer, au besoin. Tu verras qu'un jour, on rédigera certes le martyrologue de ceux qui auront sacrifié leur vie pour ce damné de korakistique.

HELENISQUE

Mais, en attendant, as-tu fait l'éloge que je t'avais demandé ?

JOANNISKOS

Bien sûr. Tiens, le voilà; lis et savoure.

Héros préclare, issu de la race hellénique,
Au livre des savants tu t'inscris prolifique.
L'aube te voit peinant. Par tes doctes travaux
L'Hellade s'enrichit de vocables nouveaux.
Le *Mercure* ne vit que de ta sapience,
Tout un peuple t'acclame et t'a reconnaissance
D'avoir du n final fait goûter la saveur
Et aux infinitifs enlevé leur aigreur.
Tu nous apprends à tous la haine salutaire
De l'idiome commun, de la forme vulgaire,
Et, du macaronisme implacable ennemi,
Tu nous fais éviter jusqu'au macaroni.
Nous savons, grâce à toi, que le parler rustique
Peut progressivement redevenir attique.
Et qu'en tout premier lieu l'article indéfini

---

(1) L'auteur ne croyait pas si bien dire. En novembre 1903, il y eut, en effet, des troubles à Athènes, non pas au sujet des Korakistiques, mais au sujet de la traduction des Evangiles en grec vulgaire par A. Pallis.

Ἀπέδειξας ἀνάττικα, χυδαϊκὰ καὶ ξένα.
Σὺ ὡς χειροῦργος εὐφυής, ὦ βαθυτάτη γνῶσις !
Διάρθρωσας τὰ κόκκαλα τῆς στρεβλωμένης γλώσσης.
Ὡραίαν τὴν κατέστησας ὑπὲρ τὰς ἄλλας γλώσσας,
Τὸν φυσκωτὸν[1] ραχίτην της σοφῶς ἐπιπεδώσας.
Τὸ Γένος λοιπὸν εὔχεται πολλὰ ἔτη νὰ ζήσῃς,
Ὥστε καὶ τὸ ἀλφάβητον αὐτὸ νὰ ἑλληνίσῃς.

ΕΛΕΝΙΣΚΗ

Δὲν θὰ φανοῦν ἀρεστοὶ αὐτοὶ οἱ στίχοι σου εἰς τὸν πατέρα μου, ἐπειδὴ καὶ δὲν ἔχουν ἐκεῖνο τὸ δὲν ξέρω τί, ὁποῦ ἔχει ἡ ἐδική τους γλῶσσα. αὐτοὺς τοὺς στίχους τοὺς νιώθει τινάς, ἴσια ἴσια εἶν᾽ αὐτό, ὁποῦ ἡ γλῶσσα ἡ ἐδική τους φιλοτιμεῖται νὰ μὴν ἔχῃ.

ΙΩΑΝΝΙΣΚΟΣ

Ὅσο ἠμπόρεσ᾽ ἀχρείους, καὶ ἀηδεῖς, τοὺς ἔκαμα. ὁμολογῶ, ὅτι δὲν ἠμπόρεσα, μήτ᾽ ἠμπορῶ νὰ μιμηθῶ τὸν βαθμὸν τῆς ἀηδείας, καὶ ἀχρειότητος τῆς γλώσσας των αὐτὴ δὲν ἔρχεται. εἰς μίμησιν. διὰ νὰ ὁμιλῇ, διὰ νὰ γράφῃ τινὰς σὰν αὐτούς, πρέπει νὰ τρελαθῇ, καὶ νὰ ξαναμωραθῇ σὰν αὐτοὺς πρῶτα, καὶ ὕστερα νὰ ὁμιλήσῃ, καὶ νὰ γράψῃ τὰ κορακιστικά τους.

ΕΛΕΝΙΣΚΗ

Φεύγα γλήγορα ! σύγχυσιν μεγάλην ἀκούγω !

(Φεύγουν καὶ οἱ δύω) .

---

1) Φυσκωτόν, καὶ φυσκώνω, καὶ φύσκωμα, φύσκα, ἀντὶς φουσκωτόν, φουσκώνω, φούσκωμα, φούσκα.

De tout bon citoyen ne peut qu'être honni.
Orthopédiste habile, à notre langue asine
Savantissimement tu redresses l'échine,
Tu lui donnes enfin la verticalité
Et la fais surpasser les autres en beauté.
Que l'alphabet lui-même ait sa métamorphose !
Il l'attend. Ce sera pour toi l'apothéose.

HELENISQUE

Ces vers ne sauràient plaire à mon père. Ils n'ont pas ce je ne sais quoi qui est la marque de son jargon. Chacun peut les entendre, et c'est justement ce que dans leur langage ils se piquent d'éviter.

JOANNISKOS

Je les ai faits aussi détestables, aussi ignobles que possible. Mais j'avoue que ne n'ai pu, et ne pourrai jamais rivaliser avec leur propre manière. C'est que cela ne vient pas tout seul. Pour arriver à écrire et à parler à leur façon, il faudrait avoir la faculté de se mettre dans un état de démence et d'abétissement préalable.

HELENISQUE

Sauve-toi. J'entends un tintamarre.

(Ils s'en vont tous deux.)

ΠΡΑΞΙΣ ΔΕΥΤΕΡΗ

ΣΚΗΝΗ ΠΡΩΤΗ

ΑΥΓΟΥΣΤΟΣ ΚΑΙ ΣΩΤΗΡΙΟΣ

ΑΥΓΟΥΣΤΟΣ

Ἐκβῆκα νὰ ἴδω, ἂν ἴσως ἡτοίμασαν τὸ τραπέζιον, καὶ εἶδον εἰς τὴν αὐλὴν πολλοὺς ξένους ἀνθρώπους μὲ ὑπηρέτην
τῆς Ἀστυνομίας. Ἔκβηθι διὰ νὰ ἐρωτήσῃς τὴν ὁποίαν ἔχουσι νὰ εἴπωσι εἰς ἐμὲ ὑπόθεσιν.

ΣΩΤΗΡΙΟΣ

Ἰδοὺ ἐμβαίνουσιν. αὐτοί, ὡς φαίνεται, εἰς σὲ εἰπεῖν θέλουσιν κἂν τινα ἀναγκαῖα πράγματα.

ΣΚΗΝΗ ΔΕΥΤΕΡΗ

Ἕνας ὑπηρέτης τῆς Ἀστυνομίας μὲ τρεῖς ξένους.

ΣΩΤΗΡΙΟΣ ΚΑΙ ΑΥΓΟΥΣΤΟΣ

Ὁ Ὑπηρέτης τῆς Ἀστυνομίας πρὸς τὸν Σωτήριον
Αὐτοὶ οἱ ξένοι καὶ οἱ ὁποῖοι ἔξω κάθηνται ἄλλοι, ἦλθον εἰς
τὴν ἰδικήν μας πόλιν, καὶ ἐζήτουν τὸ εἰς τὸ ὁποῖον κάθησαι
μέρος, κ' ἐγὼ ἔφερα αὐτοὺς ὧδε.

ΣΩΤΗΡΙΟΣ

Τὶ εἶνι τὸ ὁποῖον θέλετε πρᾶγμα, ἄνθρωποι ;

ΞΕΝΟΙ

Ἀφεντέλη, μεῖς εἴμαστε Μιτυληνηοί μὲ συμπάθειο. μᾶς
εἶπαν κάποιοι δᾶ, πῶς 'ς αὐτὴ τὴ χώρα ὅποιος ἔρθῃ, πλερώ-
νεται χοντρᾶ γιὰ νὰ μάθῃ κάτι λόγια, τζ' ἀποῦ μάθῃ τα, γί-

ACTE DEUXIEME

Scène I

AUGUSTE et SOTIRIOS

AUGUSTE

Etant issu pour voir si la table était prête, je viens d'apercevoir dans la cour un grand nombre d'étrangers accompagnés d'un agent de police. Va demander ce de quoi ils ont à m'entretenir.

SOTIRIOS

Ils entrent ; les voici. A leur contenance, j'opine qu'ils ont à t'entrenir d'affaires importantes.

Scène II

Un AGENT suivi de trois Etrangers.

SOTIRIOS et AUGUSTE

L'Agent s'adressant à Sotirios :

Ces particuliers et les autres lesquels attendent au dehors, viennent d'arriver dans notre cité. Comme ils s'enquestaient de ton domicile c'est moi qui icy les ai conduits.

SOTIRIOS

Hommes ,quel est votre désir ?

LES ETRANGERS

Patron, sauf' vot' respect enter nous, on est de My-tilène. Au nous a été dit qu' dans tiau pays à c' qui s' paraît, on est payé gros pour apprendre certains mots.

νεται τζ' αὐτὸς δάσκλος, τζὲ γιουμίζει τὸ πουτζέλι[1] του. μὲ
συμπάθειο στραβὰ νὰ καθίσμε, τζ' ἴσια νὰ μιλήξμε ἤ[2] δάσκλος τζῆ χώρας μας ποῦ διδάχνει τὰ παιδέλια μας, μᾶς πέρει
τὸ βιό μας. ἐδῶ, μᾶς εἶπαν, πῶς δίντε τὸ βιό σας 'ς ἐκνοὺς
ποῦ θέλουν νὰ μάθουν ἀποῦ σᾶς τὴ προκοπή σας.[3]

ΣΩΤΗΡΙΟΣ

Καὶ ποῖοι εἶνι οἱ ὁποῖοι εἰς ὑσᾶς δώσειν εἶχον αὐτὰς τὰς
συμβουλὰς ἄνθρωποι ;

ΜΙΤΥΛΗΝΗΟΙ

Αὐτοὶ εἶν' ἀπ' ἐτζεῖ ἐντόπιοι. τζ' ἦταν πρῶτα πραματευ-
τάδαις κορδωμένοι τζὲ πηρίφανοι. τζὲ τώρα παράτησαν τὴν
πραγμάτεια τους, τζ' ἀναγνώθουν καθημερούσιο κάτι χαρτέ-
λια τυπωμένα, ποῦρχουνται, λέν, ἀπ' τὴ Φραγγιά.

ΣΩΤΗΡΙΟΣ

Μήπως αὐτὰ τὰ χαρτία εἶνι τὰ ἤτρια Λογίου Ἑρμοῦ ;

ΜΙΤΥΛΗΝΗΟΙ

Δὲν εἶναι τρία μὲ συμπάθειο, εἶναι πολλά, διακόσα, τρα-
κόσα.

ΣΩΤΗΡΙΟΣ

Δὲν εἶπον εἰς ὑσᾶς τρία, ἀμμὴ ἤτρια. ἔκχασα, πῶς ὀνομά-
ζονται βαρβαρικῶς. ποῦ εἶνι οἱ ἄλλοι, τοὺς ὁποίους εἶπας,
ξένοι,; φέρ' αὐτοὺς ὅλους ὧδ' ἐντάμα νὰ τοὺς ἴδω.

ΣΚΗΝΗ ΤΡΙΤΗ

ΣΩΤΗΡΙΟΣ, ΑΥΓΟΥΣΤΟΣ, οἱ ξένοι καὶ
ὁ Ὑπηρέτης τῆς Ἀστυνομίας

ΣΩΤΗΡΙΟΣ

Ἀμμὴ ὑσεῖς τὶ εἶνι τὸ ὁποῖον νὰ μὲ εἴπητε θέλετε πρᾶγμα ;

---

1) πουγγίον = bourse. 2) Le nom sing. de l'art. masc. prend
à Lesbos selon les endroits et devant une consonne la forme
i, ji, u, ju. 3) votre acquis.

Et tiau là (1) qu'a bin appris le (2) d'vient un ré-
gent (3) et, dame, au vous met to pien (4) d' sous dans
vot' poche. Excusez, mais vaut encore bé mieux parler
dret que marcher dret. Chez nous, tiau là qui fait l'école
prend nout argent. Chez nous autres à c' qui s' paraît
q'vous donnez la voutre pour qu'on apprenne vot' truc.

SOTIRIOS

Et qui sont ces gens qui ainsi vous ont conseillés ?

LES MYTILINIOTES

Des pays. Autfoué (5), aut étaient dau grous mar-
chands, dame, dau grous messieurs. Anné (6) l'en en
fait une laisse (7), et tote la journée ils lisont dans dou
livres qui v'nont d'Europe, à c' qu'au s' dit.

SOTIRIOS

Ne seraient-ce pas les quaternes du *Mercure Savant?*

LES MYTILINIOTES

Y en a poué quat ! Y en a bé raid mieux, tout un tas.

SOTIRIOS

Je n'ai point dit quatre, mais quaternes. J'ai oubliance
de la forme barbarique. Où sont les autres étrangers
dont tu m'as parlé ? Amène-les icy tous afin que voir
je les puisse.

Scène III

SOTIRIOS, AUGUSTE, les Etrangers et l'Agent.

SOTIRIOS

Eh vous autres, quelle est l'affaire dont à votre tour
vous désirez m'entretenir ?

---

(1) Celui-là.   (2) Il.   (3) Maître d'école.   (4) Tout plein.
(5) Autrefois.   (6) Aujourd'hui.   (7) Lâcher.

ΓΙΑΝΝΙΩΤΑΙΣ

Μεῖς, ἀκούσαμαν 'ς τὸ 6ιλαέτι μας, πῶς ἐδῶ οἱ ἀθρώποι καζαντίζουν[1] γρόσα περισὰ γιὰ νὰ μάθουν μιὰ γλῶσσα ἀπού καινουργῆς φκιασμένη. καὶ τόμ'[2] ἀφικρασθοῦν ἔκς μῆνες τὸ δάσκαλο, ποσώνουν[3] ὅλη τὴ σοφία, καὶ γίνουνται περίσσα προυκουμένοι. κ' ἐμεῖς, ἔτζι τ' ἀπεικάσαμαν, σηκωθήκαμαν καὶ εἴπαμαν. μόρ παιδιὰ παρὰ νὰ τρέχουμεν σὰ πάνου, σὰ κάτου γιὰ νὰ μάσουμεν γρόσα, ἀϊδίτε νὰ πάγουμεν τζὰκ[4] 'ς τὴ δική σας χώρα δῶ, γιὰ νὰ μάσουμεν γρόσα, καὶ νὰ μάθουμεν οὔλου τοῦ ντουνιᾶ[5] τὰ γράμματα, καὶ νὰ κουβενδιάζουμεν κ' ἐμεῖς σὰ γραμματισμένοι.

ΧΙΩΤΑΙΣ

Εἴνδα νὰ σοῦ ποὔμενναι κ' ἐμεῖς, σελεππῆ. ἔπεσ' ἀκρίδα 'ς τὸν τόππο μας 'ς τὴ Χχιό, κ' ἐφτωχύνναμεν, καὶ ἕν εὑρίσκομένναι νὰ γιουμίσουμμε τὴν παραδερμέννη μας. καὶ ὁδηγήσασσί μας μερικοί, πῶς ἐδῶ μαθέννουσι μιὰ γλῶσσα χωρὶς νὰ δρώσσουσι, καὶ πῶς τὴ χωριάτικην τὴ γλῶσσα ἐδῶ κάτιν τι 6γάζουσίν της ἀπ' ὀμπρός, κάτιν τι 6άζουσίν της ἀπ' ἐπίσσω, κάτιν τι ξεφλουδιάζουσίν της ἀπ' τὴν μέσην της, καὶ κάμουσίν την περὶ γραμμάτου. κ' ἐμεῖς ἴνδα διάοντρο νὰ κάμουμένναι. εἴπαμένναι δὰ τοῦ τόπου ἡμας τὸ λακιρδί.[6] ὅποιος περπατεῖ κάτ' ηὗρεν, κ' ἤφα, κ' ὅποιος ἕν περπατεῖ κάτις τὸν ἤφα. κ' ἤρθαμένν' ἐδῶ γιὰ νὰ μάθουμένne τὰ γράμματα καὶ γιὰ νὰ μᾶς πληρώνετε γιὰ νὰ τὰ μάθουμένναι. τὴν ἀλήθεια, σελεππῆ, ἕν μᾶς πληρώννετε, ἕ διαβάζουμένναι.

ΚΥΠΡΙΩΤΑΙΣ

Μεῖς εἴμαστε τζιπρικόταις. εἴχαμ' ἕνα περι6όλιν μὲ τὸ νίκιν, τρακόσι' ἀργιάλια[7] τὸ εἴχαμεν πακτωμένον,[8] τζ' ἦρθασιν οἱ Ἀγαρηνοί, τζαὶ σύρασιν τὴν πουμπούρα τους, τζαὶ ῥάστ' ἀπάνου μας, τζαὶ μᾶς διαγουμίσασιν τὸ ἔχειν μας, τὸ σιτάριν μας, τὸ παμμάκιν μας, τζαὶ μᾶς ἐξεγυμνώσασιν, τζαὶ μᾶς ἐκάμασιν περιπάτιν. τζ' ἐμεῖς οἱ δύστυχοι γενήκα-

---

1) gagnent. 2) à peine. 3) venir à bout. 4) jusque. 5) monde. 6) proverbe. 7) réaux. 8) loué. Contrairement à la langue commune le dial. chypr. conserve le ν. Voir aussi les neutres en i.

LES YANNIOTES

Et nõ nos aivo ouillé (1), dans not' village què les djõ di leu (2) gagnent gros dèvo (3) sevouère enn langue què euche (4) tote balle dè fabrique. Et vo n'ote b'sin (5) qu' d'ouiller eunn mâte d'icôle durant sei mõ (6) devô aiwer tote l'instruchon què vô v'lisse (7) per êt eunn saivan. Et nos seumes dit : Mah ! les djõ què vont aîvant-aire (8) devô gagner di sous, devro v' nir tchi vô devo nõ botte (9) di sous et sevouère tote l'instruchon-lô. Et no pairlons auss' bien què l'prête.

(1) Entendu dire.

LES CHIOTES

Que ban disse nous aous ('10) Messius? Qu'es toumbat cigalos aou pays à Chio e soun ruinats e n'an pas mey arré (11) per nous garni la panso. Cauques amics nous an dit qu'aci bous aprengon uno lengo sans bous ha susa (12), e que a noste patouës l'entamion per deouan bou lou pedasson (13), per darrè, bous lou pelon den lou miey et qu'en hev un jargoun de saben. Que diable ha nous aous? Ya un reproubè (14) de chez noste que dits: loù qui s'y hè que trobo e que mintjo ; loù que s'y hè pas es minjas. E labets (15) nous baqui per cerca lou sabé e' per nous ha paga en d'aprengue. Ma foué, Moussu, es pas per dise, pa d'argen pas d'escolo.

LES CHYPRIOTES

Nous autres, nous soum doou Tchipricotes. Nous ayan un potagi à loua. Qu'eï treï cents pistoles què nous l'ayan loua. Et ne véqui pas què lou Turque què arriveran et sortissete lou pistolets et toumbetan sur nous, nous depoulleton de notre bien, de notre blà, notre couton, nous enlevantan jusqu'à la daré (16) tchimiso et

---

(1) Entendu dire. (2) Les gens du lieu, d'ici. (3) Pour. (4) Sort. (5) N'avez pas besoin. (6) Six mois. (7) Que vous voulez. (8) Avant-arrière. (9) Nous donner. (10) Nous autres. (11) Rien. (12) Sans vous faire suer. (13) Rafistoler. (14. Proverbe. (15). Alors. (16) Dernière.

— 72 —

μεν ζήτουλες, τζ' ἐπηγαίναμεν 'ς τὸ κονάκιν[1] πότε τοῦ Κύτ-
τέων, πότες τοῦ Πάφφου, τζαὶ μᾶς ξονειδίζασιν οἱ ἅγιοι,
τζαὶ μᾶς ἐσπρώχνασιν, τζαὶ μᾶς ἐλέγασιν σκυλὶν τζαὶ γαϊ-
δοῦριν. τζ' εὑρεθήκασιν μερικοί, τζαὶ μᾶς εἴπασιν νὰ ἔρθου-
μεν ἐδῶ, ὅπου πληρώνουσιν γιὰ νὰ προκόφτουσιν τοὺς ἀνθρώπους. τζ' ἐμεῖς ἤρθαμεν ἐδῶ, ἂν θέλετε νὰ μᾶς πληρώνετε, νὰ μάθουμεν ἀπὸ σᾶς ὅ,τι θέλ' ἡ ὄρεξίς σας.

ΣΩΤΗΡΙΟΣ πρὸς τὸν ὑπηρέτην

Ἔπαραι τούτους ὅλους νὰ φυλάξωσι Τεσσαρακοστήν.

ΓΙΑΝΝΙΩΤΑΙΣ

Μόρ τί μᾶςς κραίνειςς ;

ΧΙΩΤΑΙΣ

Ἴνδα διάοντρο στέλλεις μας νὰ κάμουμένναι νήστεια ;

ΚΥΠΡΙΩΤΑΙΣ

Τὸ στομάχιν μας γένηκ' ἀπὸ τὴν πεῖναν σὰν πέταυρον,[2]
τζαὶ τοῦτος στέλνει μας νὰ νηστέψωμεν.

ΜΙΤΥΛΗΝΗΟΙ

Ἀφεντέλη, ἡ σαρακοστὴ πέρασε. τὶ τὴν φέρνεις ὀξοπίσ-
σου ; νὰ μὴν ἔχασες τὰ πασκάλια σου ; [3]

ΣΩΤΗΡΙΟΣ

Δὲν εἶπον εἰς σᾶς νὰ νηστεύσητε, ἀμμὴ νὰ σᾶς ἐπάρωσιν
εἰς τήν, τὴν ὁποίαν ὀνομάζουσιν οἱ χυδαῖοι Καραντίναν,
Τεσσαρακοστήν. ἔπαραι τούτους λοιπόν, καὶ δίδε εἰς αὐτοὺς
τεσσαράκοντα ἡμέρας ὡς ἂν καθάρσιον, ἢ ὡς ἂν ἐμετικὸν
ἀπὸ ἓν φύλλον ἠτρίου Λογίου Ἑρμοῦ. καὶ ἀπου καθαρισθῆν
θέλωσι, τότε φέρε τούτους ὧδε εἰς ἐμέ.

ΧΙΩΤΑΙΣ

Ἐμμεῖς σκορδοῦλλα ἓν ἔχουμένναι, ποῦ νὰ μᾶς χαρβαλώ-
σῃς 'ς τὴν καρατίναν !

---

1) auberge, relais. 2) latte. 3) expression qui vient probablement des γράμματα πασχάλια : circulaires par lesquelles les
évêques faisaient connaître aux fidèles la date de la célébrati-
on de Pâques.

nous forsetan à partir. Et nous véqui obligea de couré de couvent en couvent de Cyteon à Paphos. Et loù mouane sè metteten à nous engueula et à nous chassa, à nous traitant d' chi (1) et d' bouriquo. A què moument yô (2) de la persouna què nous disan de v'nir ici chè là nous engage yen à soldo pour apprendre doou trùque. Et alors nous véi qui. Paya-nous et montra-nous c' que vous voudrez.

SOTIRIOS
(S'adressant au domestique).
Emmène-les tous et qu'ils fassent Quadragésime.

LES YANNIOTES
Quos què djè ? (3) bon Dieu !

LES CHIOTES
Perque diable bos nous foursa a ha carême ?

LES CHYPRIOTES
Nous ayan l'estouma plat commo de la latta et nous renvouyan ancera juna.

LES MYTILÌNÌOTES
Patron, l' carême est fini. Faut poué l' faire rev'nir. Qu'est-au qu'aul est qué va point ? L'est-au ta religion ou ben ta tête ?

SOTIRIOS
Je ne vous ai pas demandé de faire carême, mais j'ai dit que l'on vous conduise à ce que le vulgaire appelle quarantaine et nous Quadragésime. Emmène-les donc et administre à chacun d'eux pendant quarante jours en guise de purgatif ou d'émétique, un feuillet d'un qua-terne du *Mercure Savant.* Lorsqu'ils seront purifiés, alors ramène-les-moi céans.

LES CHIOTES
Foutrro ! An pas la pesto belèou en d'èn zè f... en quaranténe.

____

(1) De chien.   (2) A ce moment précis.   (3) Que dis-tu.

ΚΥΠΡΙΩΤΑΙΣ

Ἐδῶ μοιάντζει τρώγουσιν τὰ γράμματα, τζαὶ παραγιο-
μίντζουσιν τὰ φύλλα τῶν βιβλίων μὲ κριάσιν λιανιστόν, τζαὶ
καταπίνουσίν τα.

ΓΙΑΝΝΙΩΤΑΙΣ

Μόρ παιδιὰ σαράντα μέραις νὰ τρώγουμεν οὖλο φύλλα·
πό, πό, πό, μὴ νἄμασταν γίδια ! τὶ τόπος σκλίτικος εἶναι
τοῦτος π' ἀνάθεμά τον !

ΧΙΩΤΑΙΣ

Ἐλάστενν‑αι,.πάμμεναι. φθάνει σας ἡ μωρολογιά. πάθαμέν
την πλιό.

ΣΚΗΝΗ ΤΕΤΑΡΤΗ

ΣΩΤΗΡΙΟΣ, ΑΥΓΟΥΣΤΟΣ ΚΑΙ ΙΩΑΝΝΙΣΚΟΣ

ΣΩΤΗΡΙΟΣ

Μὴ ἐνώχλει με, Ἰωαννίσκε, φαινόμενος ἀπὸ τὸ πρωνὸν
ἔμπροσθεν εἰς τὰ ὀμμάτια μου.

ΑΥΓΟΥΣΤΟΣ

Ἀμμὴ κ' ἐγὼ Σωτήριε, δὲν ἐμπορῶ νὰ ὑποφέρω αὐτό. ὅ-
ταν τὸν ἴδω, χολώνομαι, καὶ ἀνάπτομαι ὡς ἂν φωτία.[1]

ΙΩΑΝΝΙΣΚΟΣ

Διατὶ μὲ σιχαίνεσθε[2] ; ἀποῦ ἐγὼ πείθομαι εἰς τὰ ἰδικά
σας λόγια, καὶ θέλω νὰ γένω ἰδικός σας ὀπαδός ; ἂν θέλητε,
στείλετε κ' ἐμὲ εἰς τὴν Τεσσαρακοστήν, καὶ προστάξατε ὑπηρέτην Ἀστυνομίας, νὰ δίδη καὶ εἰς ἐμὲ ἀπὸ τὰ φύλλα Λογίου
Ἑρμοῦ, ἢ ὡς ἂν καθάρσιον, ἢ ὡς ἂν ἐμετικόν, ἢ ὡς ἂν κλυστήριον, ἢ ὡς ἂν σικύας, ἢ ὡς ἂν κανθαρίδας. ἀμμὴ ἐπειδὴ
καὶ τὰ φύλλα αὐτὰ εἶνι τραχέα, καὶ ἀκανθωτὰ ὄχι κομμάτιον,

---

1) Φωτία, ἀντὶς φωτιά, νοτία, ἀντὶς νοτιά, μυρωδία ἀντὶς μυ-
ρωδιά, καταβασία, ἀντὶς καταβασιά, κτλ.. 2) Σιχχαίνεσθε, ἀντὶς
σιχαίνεσθε.

LES CHYPRIOTES

Probablemèn l'instructschi din co payi sè minje. Nous vous fai doou farci avèque la paja doou libre.

LES YANNIOTES

Hé hôs djôs (1) Quouerante djou mi qu' di papier! Mah ! nô n' sommes mi des biquis. Ai l'ours ! (2) Pouché d' leu ! (3).

LES CHIOTES

Anèn zen (4). An prou debisat. Nous an couyounats (5).

Scène IV

SOTIRIOS, AUGUSTE, JOANNISKOS

SOTIRIOS

Ne viens pas m'importuner, Joanniskos, en te présentant à mes regards dès l'albe.

AUGUSTE

Il en est mêmement de moi, Sotirios. Je ne puis le souffrir. Il me suffit de le voir pour me sentir agité d'ire et de furie et m'eschauffer comme flamme.

JOANNISKOS

Pourquoi m'abhorrir, puisque je me rends à vos paroles et aspire à devenir votre disciple. Envoyez-moi aussi à la Quadragésime, si vous voulez, et ordonnez à un agent de me faire prendre aussi des feuilles du *Mercure Savant,* soit comme purgatif, soit comme émétique, soit sous forme de clystère, de ventouses ou de vésicatoires. Toutefois, comme ces feuilles sont pas mal dures et hérissées de piquants, je vous prie de ne me les point

---

(1) Ah ! les copains. (2) Au diable. (3) Littéralement porc de pays. (4) Allons-nous en. (5) On nous a mis dedans.

ἀμμὴ κἄν ποσον, παρακαλῶ νὰ μὴ τὰ διορίσητε εἰς ἐμὲ ὡς ἂν καθάρσιον, ἢ ὥς ἂν ἐμετικόν, διότι ἐμποροῦσι νὰ ἐκσχίσωσι καὶ τὸν λάρυγγα, ὡς καὶ τὰ ἔντερά μου, ἀμμὴ νὰ κοπανισθῶσι, καὶ νὰ γένωσι κόνις, καὶ οὕτω νὰ ῥοφῶ αὐτά.

ΣΩΤΗΡΙΟΣ

Σεῖς οἱ Κωνσταντινουπολῖται διὰ τὰ ὁποῖα πίνετε καθημερινὰ πολλὰ ἰατρικά, κατεστήσατε τὸ ἰδικόν σας στομάχιον σαθρόν, ὥστε δὲν ἐμποροῦσι νὰ ἐνεργῶσιν εἰς αὐτὸ πλέον τὰ ἰατρικά.

ΙΩΑΝΝΙΣΚΟΣ

Τοῦτο οὕτω εἶνι. ἀμμὴ ἓν φύλλον Λογίου Ἑρμοῦ εἶνι σφοδρότερον καὶ ἀπὸ τὴν ἱπεκακουάναν, καὶ ἀπὸ τὴν ἐμετικὴν τρύγα· καὶ ἂν διορίσειν με ἤθελες ἀπὸ τοῦτο τὸ φύλλον, φοβοῦμαι μήπως ἐμέσειν θέλω ὄχι μόνον τὰ ἐντόσθιά μου, ἀμμὴ κ' αὐτὸν τὸν ἴδιόν μου ἐγκέφαλον.

ΣΩΤΗΡΙΟΣ

Πρέπει, πρέπει νὰ ὑπάγῃς εἰς τὴν Τεσσαρακοστήν. σὲ βλέπω ὅτι δὲν ἐξεύρεις νὰ ὀνομάζῃς τὴν χυδαϊκῶς ἱπεκακουάναν, ἑλληνικῶς ὑποκυκιάνην παραγομένην ἀπὸ τὸ ῥῆμα τὸ ὑποκυκᾶν, δηλ. συγχύζειν, καὶ συνταράττειν κάτωθεν.

ΙΩΑΝΝΙΣΚΟΣ

Ὦ σοφία! τὶς εἶνι, ὁ ὁποῖος δὲν θέλει θαυμάσειν ἄνθρωπος, ἀποῦ ἴδῃ, ὅτι σεῖς ἀνεκαλύψατε τὸ μυστήριον τοῦ νὰ ἀποδεικνύετε ἑλληνικὰς καὶ τὰς ἀμερικανικὰς λέξεις ; ἀπιθανώτερον ἦτο τοῦτο ἀπὸ τὴν εὕρεσιν τοῦ φιλοσοφικοῦ πέτρου. πόσα ἐγκώμια χρεωστοῦνται εἰς σᾶς ἀπὸ τὸ Γένος ! πόσας εὐχαριστείας ἡ εὐγνωμοσύνη τῶν Γραικῶν πρέπει νὰ κάμῃ εἰς σᾶς καὶ τὸ πρωνόν, καὶ τὸ μεσημέριον, καὶ τὸ βράδιον ! κ' ἐγὼ αὐτὰς τὰς ἰδικάς σας κοινωφελεῖς εὐεργεσίας βλέπων, ἐσύνθεσα τοὺς παρόντας ἐγκωμιαστικοὺς στίχους, καὶ σὲ παρακαλῶ νὰ ἤθελες δεχθῆν αὐτούς, καὶ νὰ ἤθελες παραβλέψειν καὶ συγχωρήσειν τὰ σφάλματα.

prescrire comme purgatif ou émétique, car il se pourrait faire qu'elle me râclassent le gossier aínsi que les entrailles. Qu'on les fasse plutôt piler et qu'ainsi en mixtion liquide je les absorbe.

SOTIRIOS

Vous autres, gens de Constantinople, à force d'usage journalier de drogueries avez fini par corrompre la complexion de votre estomach, si que les médecines ne sont plus opérantes sur vous.

JOANNISKOS

Il en est bien ainsi. Nonobstant une feuille de *Mercure Savant* est d'un effet plus tumultuaire que l'ipécacuanha et le vin d'émétique. Or si tu me prescrivais ce remède, crainte me prendrait de vomiter non seulement mes entrailles, mais même jusqu'à ma cervelle.

SOTIRIOS

Il faut, il faut que tu ailles à la Quadragésime. Je constate que tu n'es point idoine à remplacer ce que l'on nomme vulgairement ipécacuanha par la forme hellénique hypokykiani, dérivée du verbe hypokykan, id est rabouiller, mettre le trouble par en bas.

JOANNISKOS

O sapience ! Comment ne pas être frappé d'admiration en voyant qu'il est en votre subjection et maistrise de découvrir des formes helléniques jusque dans les mots américains ? Ceci est plus inattendu encore que la découverte de la pierre philosophale ! Que de louanges vous doit la Nation. Le peuple de l'Hellade devrait vous rendre des actions de grâce tant bien à l'albe, à la mesembrine qu'à l'hespérie ! Moi-même en considération de ces faveurs et services publics, j'ai composé ces vers encomiastiques et souhaiterais que tu en acceptâsses l'hommage, n'ayant garde aux imperfections que tu pourrais y rencontrer.

ΣΩΤΗΡΙΟΣ

Τί λέγεις ; στίχους[1] ἐτόλμησας νὰ κάμῃς ; ἡ γλῶσσα δὲν ἔφθασεν ἀκόμην[2] εἰς τὸν βαθμὸν τοῦ νὰ ἐπιδέχηται τὴν ποιητικὴν ποικιλίαν καὶ σοβαρότητα· διὰ τοῦτο ἀγωνιζόμεθα νὰ διορθώσωμεν, καὶ νὰ πλουτίσωμεν πρῶτον αὐτήν, καὶ ὕστερον ν' ἀρχίσῃ τὸ Γένος πεζῶς καὶ ποιητικῶς νὰ συγγράφῃ· πρῶτον εἶνι ἡ μορφή, καὶ ὕστερον ἡ ὕλη. πρῶτον τὸ πῶς, καὶ ὕστερον τὸ τί. πρῶτον οἱ κανόνες τῆς γλώσσας, καὶ ὕστερον ἡ γλῶσσα. τοιοῦτο τεράστιον, τοιοῦτο θαῦμα ἀγωνιζόμεθα νὰ κάμωμεν. ἀμμὴ ἂς ἴδωμεν τοὺς ἰδικούς σου στίχους.

(Πέρνει τοὺς στίχους, καὶ τοὺς διαβάζει)

Αἴ ! εὐθὺς ἔπεσας ἀπὸ τὴν ποιητικὴν μεγαλειότητα ! ἰδοὺ τὸ πρῶτον ἡμίστιχον :

« Ἐκβῆκας ἥρως θαυμαστὸς εἰς τῶν Γραικῶν τὸ Γένος. »
Θέλει γενῆν καλόν, ἂν θέλῃ μεταπλασθῆν οὕτω :

« Ἐκβῆκας ἥρως εἰς τῶν Γραι — μεγάλος — κῶν — τὸ
[Γένος. »

ΙΩΑΝΝΙΣΚΟΣ

Δὲν κατέλαβον· τί θέλει εἰπεῖν τὸ Γραι, καὶ τὸ μεγάλος, κῶν ;

ΣΩΤΗΡΙΟΣ

Κεφάλιον ἀποιήτικον 1 δὲν ἀναγνώσειν εἶχες εἰς τὴν ζωήν σου ποτὲ τόν, ὁ ὁποῖος λέγει, Ὅμηρον. ὡς εἰπών, « κατ' ἄρ' ἔζετο », ἀντὶ τοῦ καθέζετο ; καὶ τὸ « αὐτὴν γάρ μιν ὑπὸ τρόμος αἰνὸς ἱκάνει » ἀντὶ τοῦ ὑφικάνει ; οὕτω καὶ ὧδε τὴν λέξιν Γ ρ α ι κ ῶ ν τὴν ἐχώρισα εἰς τὴν μέσην, καὶ τὴν μίαν

---

1) Εἶδα μιὰν ἐπιστολὴν ἑνὸς Κορακιστοῦ, εἰς τὴν ὁποίαν αὐτὸς ἔγραφε ὅτι εἰς τὸν παρόντα αἰῶνα νὰ μὴν ἐλπίζωμεν νὰ ἴδωμεν ποιητάς· ἐπειδὴ καὶ εἶν' ἀδύνατον (ἔλεγε) νὰ ἐπιδεχθῇ ἡ τωρινὴ κατάστασις τῆς γλώσσας μας τὸ ποιητικὸν ὕφος· ἀλλὰ νὰ γίνουν πρῶτα μετάφρασαις κάμποσους χρόνους, καὶ ὕστερα· ὡσὰν νὰ εἶναι δυνατὸν νὰ ὀργανισθῇ, νὰ στολισθῇ, καὶ νὰ ἐμψυχωθῇ μιὰ γλῶσσα ἀπὸ μετάφρασαις. 2) Ἀκόμην, ἀντὶς ἀκόμη, διὰ νὰ πλησιάσῃ εἰς τὸ ἑλλην. ἀκμήν.

SOTIRIOS

Qu'entends-je ? tu as eu l'outrecuidance de faire des vers ? La langue n'est point encore arrivée au point de comporter la variété et la gravité poétiques. C'est pourquoi nous besognons à l'amender, à l'enrichir d'abord ; la Nation pourra ensuite commencer à composer des écrits en prose et en vers. D'abord la forme, puis la matière. D'abord le comment, puis le « quid ». D'abord les règles, puis la langue. C'est ce prodige, c'est ce miracle que nous travaillons à réaliser. Mais voyons toujours tes vers.

(Il prend les vers et les lit.)

Ah ! te voilà tout de suite tombé des sommets poétiques. Tiens. Ce premier hémistiche :

Héros préclare, issu de la race hellénique

Il deviendrait bon, si on le tournait ainsi :

Héros, préclare, issu de l'hel race lénique.

JOANNISKOS

Je ne comprends pas. Que veut dire « el raselénique »?

SOTIRIOS

O tête apoétique ! N'as-tu donc jamais lu dans Homère : « Os ipon kat ar ezeto » pour « katezeto » ? Et ce vers :

Aftin gar min hypo tromos ikani.

pour « ifikani »? Je partage de même le mot hellénique; je mets d'abord le commencement et le reste après le mot race par licence poétique. Et comment n'aurais-je pas cette licence, quand nous l'avons même en prose? N'as-tu

συλλαβὴν τὴν βάλλω ὧδε, καὶ τὴν ἄλλην ὕστερον ἀπὸ τὴν λέξιν μεγάλος διὰ τὴν ποιητικὴν ἄδειαν. καὶ πῶς νὰ μὴ ἔχειν θέλω τοιαύτην ἄδειαν εἰς τὴν ποιητικήν, ὅπου τὴν ἔχομεν καὶ εἰς τὸν πεζὸν λόγον ; δὲν ἀνέγνωσας εἰς τὸν λογιώτατον Ἑρμῆν αὐτὸ τὸ γλαφυρώτατον, καὶ γλυκύτατον κῶλον ; τὸ « ἤ, εἰς τὴν ὁποίαν ὁ οὐρανόθεν καταβὰς τῆς παλιγγενεσίας » τοῦ Γραικικοῦ Γένους ἄγγελος Ἰγνάτιος ἔδωσε γέννησιν, » Ἐφημερίς ; »

ΙΩΑΝΝΙΣΚΟΣ

Ὦ ! ἀληθινᾶ κῶλον γλυκύτατον ! ἀπορῶ, διατὶ δὲν λείχεις τὴν γλῶσσαν σου διὰ τὴν γλυκύτητά του. πολλὴν τρυφήν, καὶ τιμὴν προξενεῖ αὐτὸ τὸ κῶλον εἰς τὰ ὁποῖα ἤθελον τὸ προφέρειν στόματα. σὲ παρακαλῶ, εἰπὲ τοῦτο πάλιν. ἀμμὴ ἔπαραι πρῶτον καλῶς τὴν ἀναπνοήν σου, καὶ καθάρισον τὸν λάρυγγά σου.

ΣΩΤΗΡΙΟΣ

Κχοῦ, κχοῦ, κχοῦ, ἤ, εἰς τὴν ὁποίαν ὁ οὐρανόθεν καταβὰς τῆς παλιγγενεσίας τοῦ Γραικικοῦ Γένους ἄγγελος Ἰγνάτιος ἔδωσε γέννησιν, Ἐφημερίς.

ΙΩΑΝΝΙΣΚΟΣ

Ὡραιότατον ! νοστιμώτατον ! καὶ μ' ὅλον ὅτι δὲν ἐνόησα τίποτε, μ' ὅλον τοῦτον δὲν ἐξεύρω διατὶ λειποθυμῶ ἀπὸ τὴν ἡδονήν. εἰπέ το πάλιν, ἄν ποτε νὰ χαρῇς τὰ ὀμμάτιά σου.

ΣΩΤΗΡΙΟΣ

Φθάνει πλέον, τὰ τοιαῦτα κῶλα τόσον εὐκόλως δὲν προφέρονται.

ΙΩΑΝΝΙΣΚΟΣ

Τῷ ὄντι φθάνει, διότι τὰ ὀμμάτιά σου ἀπὸ τὸν πολὺ ἀγῶνα ἐγρύλλωσαν. τὰ τοιαῦτα κῶλα δὲν εἶνι ἴδιον τοῦ τυχόντος νὰ προφέρῃ. ὁμοιάζουσι μὲ τὰ ὁποῖα οἱ Ἰταλοὶ ὀνομάζουσι salti mortali, δηλ. κινδυνωδέστατα πηδήματα τῶν σχοινοβάτων, καὶ διὰ τοῦτο καὶ τὰ κῶλα αὐτὰ ὅσον καλά, καὶ τεχνικά, τόσον ἐπικίνδυνα, καὶ θανατηφόρα εἶνι· διὰ νὰ τὰ προφέρῃ

pas lu, dans le doctissime *Mercure* ce très doux et très harmonieux membre de phrase : « la par le du ciel descendu de la régénération du peuple hellénique, ange Ignatius créée éphéméride » ?

JOANNISKÒS

Oh ! vraiment que c'est doux! Et pour la langue quel ragoût, quel repas agréable! Quelle volupté ne sent-on pas à le pouvoir proférer. Répète encore, je te prie. Mais prends d'abord ta respiration et éclaircis-toi la gorge.

SOTIRIOS

(Il tousse d'abord).

« La par le du ciel descendu de la régénération du peuple hellénique, ange Ignatius, créée éphéméride ?

JOANNISKOS

Magnifique ! plein de grâce ! et bien que je n'y comprenne goutte, je ne sais pourquoi, je suis prêt à me pâmer d'aise. Encore une fois, je t'en conjure.

SOTIRIOS

Non, c'est assez comme cela. Des phrases pareilles ne sont point aisées à proférer.

JOANNISKOS

En effet, c'est assez. Car je vois que tu as les yeux tout exorbités de l'effort que tu viens de faire. Il n'est pas donné au premier venu de prononcer de pareilles phrases. Elles ressemblent à ce que les Italiens appellent « salti mortali », ce qui revient à dire aux sauts périlleux des acrobates ; c'est aussi pourquoi plus elles sont belles et

τις, ἀνάγκη εἶνι νὰ ἔχῃ τοῦ Αἰόλου τὸν πνεύμονα. ἂν ὁ συγγραφεὺς αὐτὸς ἦτο εἰς τοὺς χρόνους τοῦ Δημοσθένους, δὲν τρέχειν ἤθελεν ὁ ῥήτωρ αὐτὸς εἰς τοὺς ἀνηφόρους διὰ νὰ δώσῃ τόνον εἰς τὴν ὁποίαν εἶχε κολοβότητα τῆς ἀναπνοῆς, ἀμμὴ ἤθελε προφέρειν αὐτὸ τὸ κῶλον. ἐγώ, καὶ ἄλλος τις ἂν θέλωμεν τὸ προφέρειν, μᾶς πιάσειν θέλει εὐθὺς κωλικόπονος· καὶ παρατήρησον καλῶς εἰς τὸν θεόν σου, ἀπὸ τὸ ἡ ἄρθρον αὐτοῦ τοῦ κώλου ἕως εἰς τὸ οὐσιαστικόν του, τὸ ἐ φ η μ ε- ρ ὶ ς εἶνι μεταξὺ οὔρεά τε σκιόεντα, θάλασσά τε ἠχήεσσα. αὐτὸ τὸ σταδιαῖον κῶλον δικαίως ἐγὼ παρομοιάσειν θέλω μὲ τὸ εἶδος ἐκεῖνο τῶν σκωλήκων, τὸ ὀνομαζόμενον ταινία. ἢ διὰ νὰ εἴπω καλλήτερον, ὁμοιάζει μὲ τὸ παλαμάριον τῶν τριστεγάστων πολεμικῶν νηῶν· διότι διὰ νὰ σύρῃ τις αὐτὸ τὸ κῶλον ἀπὸ τὸ στόμα του, πρέπει νὰ φωνάξῃ πρῶτον « εἶα μάλα εἶα λύσε » (α).

ΣΩΤΗΡΙΟΣ

Καὶ δὲν ἐξεύρεις, ὅτι τὰ τοιαῦτα κῶλα εἶνι πλησιασμὸς τῆς Ἀττικῆς Γλώσσης ; ἐγὼ μάλιστα συγγράψειν θέλω βιβλίον παχύτατον ὀκτακοσίων σελίδων, συνθεμένον ὅλον ἀπὸ δύο κῶλα, τὸ πρῶτον κῶλον θέλει περιέχειν τὸ ἥμισυ τοῦ βιβλίου, καὶ τὸ δεύτερον τὸ ἄλλο ἥμισυ.

ΙΩΑΝΝΙΣΚΟΣ

Θαῦμα θαυμάτων ! μὴ ἀμελήσῃς. σύνθεσον, παρακαλῶ. αὐτὸ τὸ δίκωλον βιβλίον. ὢ πόσα φιλήματα θέλουσι κολλήσειν ἐπάνω εἰς τοῦτο οἱ φιλογενεῖς ἀπὸ τὴν ἡδονήν των !

ΣΩΤΗΡΙΟΣ

Ἕως εἰς τόσον ἐλησμονήσαμεν τὸ προκείμενον. ἂς ἴδωμεν καὶ τοὺς λοιποὺς στίχους σου. Ἰδοὺ ὁ στίχος σου
» Κάθε πρωϊνὸν λέξεις καινὰς ὡς θησαυροὺς προβάλλεις.

(α) Αὐτὸ λέγουν, ὅτι κατάγεται ἀπὸ τοὺς Ἀριστοφανικοὺς αἰῶνας· ἴδε σχόλια εἰς τὰ Αἰθιοπ. τοῦ Ἡλιοδώρου· ὡς τόσο καὶ οἱ Τοῦρκοι ἰδιοποιοῦνται αὐτὴν τὴν φράσιν ὡς ἐδικήν τους, καὶ τὸ ἀποδεικνύουν ἐξηγῶντας την « εἴ ἐγιὰμ ὀλά, εἴ ἐλ. ἐσσέ »· δηλ. ἄμποτες νὰ γένῃ καιρὸς εὐμενής, ἄμποτες νὰ φυσήσῃ ἄνεμος· ποῖοι εἶναι ἀξιοπιστότεροι αὐτοὶ οἱ ζωντανοί, ἢ ὁ μακαρίτης Ἀριστοφάνης ;

savamment construites plus elles deviennent dangereuses
et mortelles. Pour les prononcer, il faut avoir les poumons
d'Eole. Si cet écrivain avait vécu du temps de Démosthène, l'orateur ne se serait pas amusé à gravir les co-
teaux pour renforcer un souffle trop « courtaud ». Il lui
aurait suffi de prononcer cette période. A moi et à tout
autre qui essaierions de le faire, il nous prendrait des
tranchées. Pardieu ! remarque bien. Entre l'article, *la* et
son substantif *éphéméride,* il y a « des montagnes om-
breuses, et des mers retentissantes. » Il me semble que
l'on pourrait comparer cette période d'une lieue à l'es-
pèce de vers qu'on nomme « ténia » ou mieux encore
avec les câbles des vaisseaux à trois ponts. Car pour
tirer de son gosier une phrase pareille, il faut d'abord
crier comme les matelots : oh ! hisse ! oh ! hisse !

SOTIRIOS

Et ne sais-tu pas qu'user de ces périodes, c'est se rap-
procher de la règle attique ? Je compte même composer
un épais volume de huit cents pages, composé en tout de
deux membres de phrase. Le premier s'étendra jusqu'à
la moitié de l'ouvrage. Le second en embrassera l'autre
moitié.

JOANNISKOS

Merveille des merveilles ! Mais ne remets point la
chose à plus tard. Compose, je t'en prie, cet ouvrage
binaire. Je vois déjà les patriotes le couvrir de baisers.

SOTIRIOS

Ad rem cependant. Voyons tes autres vers.

L'aube te vois peinant. Par tes doctes travaux
L'Hellade s'enrichit de vocables nouveaux.

Ces deux là sont mal faits. a) *Aube,* est un barbarisme.

» Καὶ πρὸς κοινὴν ὠφέλειαν εἰς τὸν Ἑρμῆν τὰς βάλλεις»,
εἶνι ἐσφαλμένος· α′) κάθε πρωνὸν εἶνι βαρβαρικόν· πρέπει
-καθ' ἓν πρωνόν· β′) ἡ συνθήκη δὲν εἶνι γλαφυρά· πρέπει νὰ
γενῇ οὕτω·:

« Τόν, ὁ ὁποῖος ὠφελεῖ κοινῶς, Ἑρμῆν ἐκδίδεις,
» Καὶ δι' αὐτοῦ καθ' ἓν πρωνὸν μᾶς λέξεις καινὰς δίδεις.

ΙΩΑΝΝΙΣΚΟΣ

Τὶ θέλει νὰ εἴπῃ τὸ « μᾶς λέξεις καινὰς δίδει ;»

ΣΩΤΗΡΙΟΣ

Ἀττικισμὸς εἶνι τοῦτο. ἐννοεῖται ἔξωθεν ἡ εἰς πρόθεσις
κατὰ συνεκδοχήν. μᾶς λέξεις καινὰς δίδεις, ἀντὶ εἰς ἡμᾶς
λέξεις καινὰς δίδεις· καὶ οἱ ἄλλοι στίχοι σου εἶνι κακῶς συν-
θεμένοι· ἀμμὴ συγχωρῶ τὰ σφάλματά των, διότι αὐτὸς ὁ
στίχος σου μὲ ἀρέσκει κομμάτιον :

» Σὺ μὲ τὸ ν ι ἐγλύκανας, ὡς ἂν ποτὸν μοσχάτον,
» Τὸ τέλος τῶν χυδαϊκῶν στυφῶν ἀπαρεμφάτων.
ὁ ὁποῖος λέγει στίχος σου :
» Τὸ Γένος λοιπὸν εὔχεται πολλὰ ἔτη νὰ ζήσῃς,
» Ὥστε καὶ τὸ ἀλφάβητον αὐτὸ νὰ ἑλληνίσῃς.

εἶνι στίχος ἡρωϊκώτατος· ὡς ἂν προφητεύσειν νὰ ἤθελες ὅτι
ἐγὼ σκοπῶ νὰ ἀττικίσω τὸ ἰδικόν μας ἄκλιτον ἀλφάβητον !
ἐγὼ ἐκδώσειν θέλω τοῦτο εἰς τὸν Λόγιον Ἑρμῆν οὕτω : Ἄλ-
φιον, Βήτιον, Γάμμιον, Δέλτιον, Ἤτιον, Ζήτιον, Θήτιον,
Ἰώτιον, Κάππιον, Λάμδιον, Μίον, Νίον, Ξίον, Πίον, Ρίον,
Σίγμιον, Ταΰϊον, Χίον, Ψίον. φθάνουσιν ὅσα εἶπον διὰ τοὺς
στίχους σου. θέλομεν δὲ ἰδεῖν ἕως εἰς αὔριον, καὶ στοχασθῆν
ἐντάμα μὲ τὸν Αὔγουστον, ἂν πρέπῃ, καὶ ἂν εἶσι ἄξιος νὰ
ὑπάγῃς εἰς τὴν Τεσσαρακοστήν.

ΙΩΑΝΝΙΣΚΟΣ

Σὲ παρακαλῶ νὰ κάμῃς εἰς ἐμὲ αὐτὴν τὴν χάριν· διότι ἐπι-
θυμῶ νὰ λησμονήσω τὴν μητρικήν μου Γλῶσσαν, καὶ νὰ μάθω τὴν ἰδικήν σας. μ' ἄλλον τρόπον δὲν ἐμπορῶ νὰ τὴν ἐκχάσω, ἀμμὴ μόνον μεταχειριζόμενος κόνιν φύλλων Λογίου
Ἑρμοῦ (α).

____

(α) Φεύγει.

Il faut dire *albe*. *b*) La phrase n'est pas assez galamment
tournée. Il la faudrait ainsi :

Par doctes tes travaux
S'en l'Hellade richit de vocabules nouveaux

JOANNISKOS

Que veut dire : vocabules nouveaux?

SOTIRIOS

C'est un atticisme, une synecdoque. La préposition est
sous-entendue. Les autres vers non plus ne sont pas bien
venus. Mais je passe sur leurs imperfection, car ce passage me paraît de moult heureuse complexion :

D'avoir du n final fait goûter la saveur
et aux infinitifs enlevé leur aigreur.

Ce tien vers

Que l'alphabet lui-même ait sa métamorphose

a le tour héroïque. Tu as quasi prognostiqué que j'ai en
vue de plier à la discipline attique notre alphabet indé-
clinable. Je vais le faire en effet publier dans le *Mercure
Savant* : Alfion, Vition, Gammion, Deltion, Ition, Zition,
Thition, Iotion, Kappion, Lambdion, Mion, Nion, Xion,
Pion, Rion, Sigmion, Khion, Psion. Mais ce que je viens
de dire sur tes vers suffit pour le moment. Nous allons
réfléchir et délibérer jusqu'à demain avecque Auguste,
pour savoir s'il te faut conduire à la Quadragésime, voi-
rement si tu en es digne.

JOANNISKOS

Fais-moi cette grâce, je t'en prie. Je souhaiterais d'arriver à l'oubliance de ma maternelle langue, afin de pouvoir m'initier à la vôtre. Et je ne m'advise pas d'un autre
moyen de l'expeller que d'employer des cachets de pou-
dre de *Mercure Savant*.

ΣΚΗΝΗ ΠΕΜΠΤΗ

ΣΩΤΗΡΙΟΣ ΚΑΙ ΑΥΓΟΥΣΤΟΣ

ΣΩΤΗΡΙΟΣ

Ἐπίστευσας, φίλε μου, εἰς τὰ ὁποῖα εἶπεν ὁ Ἰωαννίσκος ; ἐγὼ (νὰ σὲ εἴπω τὴν ἀλήθειαν) δὲν ἐπίστευσα εἰς τοῦτο. πρῶτον, διότι οἱ περισσότεροι ἀπὸ τοὺς Πολίτας εἶνι δόλιοι, ψεύσται, ἀπειρόκαλοι, καὶ μισόκαλοι. δεύτερον, διότι ὄντες αὐτοὶ ἄρεσκοι (εἶδες ὡραίαν λέξιν ; τί ; πῶς ;)

ΑΥΓΟΥΣΤΟΣ

Θαῦμα λέξις !

ΣΩΤΗΡΙΟΣ

Ὄντες ἄρεσκοι, καὶ γυναικώλει,[1] καὶ περνῶντες τὴν ἰδικήν των ζωὴν ὅλην μὲ τὰς εἰς τὰς ὁποίας εἶνι ἀρεστὴ ἡ χυδαία Γλῶσσα, γυναῖκας, σύνειθίσθησαν, καὶ δὲν ἐμποροῦσι νὰ ῥίψωσι τὸν χυδαϊσμόν. Τρίτον, διότι δὲν ἔκαμον κᾶν ἐν ταξείδιον πολυχρόνιον εἰς ἀλλόγλωσσον τόπον, ὥστε λησμονῶντες τὴν πατρικήν των βάρβαρον γλῶσσαν, νὰ διατίθενται εὐκόλως εἰς τὴν νέαν καὶ καινοφανῆ ἰδικήν μας διάλεκτον. Τέταρτον, ὁ Ἰωαννίσκος ἐπειδὴ ἐπιθυμεῖ νὰ διαμηρίσῃ τὴν θυγατέρα μου (εἶδες καὶ ἄλλην λέξιν γλαφυρωτάτην ;)

ΑΥΓΟΥΣΤΟΣ

Τὴν ἐξεύρω : τὴν εἶδόν εἰς τὸ ἐκδεδομένον εἰς Βιέννην τῆς Αὐστρίας λεξικόν. ὢ πόσον αὐτὸ τὸ σαφηνίζει ἐξηγηματικώτατα καὶ ἡδονικώτατα ! ὅλαι αἱ λέξεις ἂν ἤθελον σαφηνισθῆν οὕτω, ἤθελον τὰς μανθάνειν εὐθὺς οἱ ἄνθρωποι, διότι ἤθελον προξενεῖν εἰς αὐτοὺς μεγάλην ἐντύπωσιν, καὶ κλόνον, καὶ ἡδονικὰ ἀνατριχιάσματα.

ΣΩΤΗΡΙΟΣ

Ἐπειδὴ λοιπὸν ὁ Ἰωαννίσκος ἐπιθυμεῖ νὰ διαμηρίσῃ τὴν θυγατέρα μου, κινεῖ ὅλους τοὺς πέτρους διὰ νὰ μὲ ἀπατήσῃ. ἀμμὴ ἐγὼ δὲν ἀπατηθεῖν θέλω.

---

1) Γυναικώλεις, ἀντὶς γυναικούλεις.

Scène V

SOTIRIOS et AUGUSTE
SOTIRIOS

As-tu ajouté créance, mon ami, à ce que Joanniskos vient de dire céans ? Moi (à te dire vrai), je n'en crois rien. Tout d'abord, parce que la plupart des Constantinopolitains sont fourbes, menteurs, gents sans goût et de point honnête conversation. Secondement, parce que étant eux-mêmes damerets (sens-tu la beaulté du vocable? comment? quoy?).

AUGUSTE

Prodige de mot !

SOTIRIOS

Etant eux-mêmes tant damerets que damoiseaux, ils passent leur vie dans le commerce des femmes, à qui plaît la langue vulgaire, et ne peuvent donc par accoutumance rejeter les vulgarismes. Tiercement, parce que n'ayant point fait d'aucun long voyage en pays étranges, si que oubliant leur propre et barbarique langue, ils puissent s'incliner aîsément à la nouvelleté et originalité de notre dialecte à nous. Quartement, comme Joanniskos désire tenir à ma fille par conjonction copulative (l'expression est adéquate, n'est-ce pas?)

AUGUSTE

Je la connais. Je l'ai rencontrée dans le lexique paru à Vienne. (1) O combien le sens en est rendu avec justesse et volupté! Si tous les termes de la langue pouvaient être rendus aussi explicites, les hommes les apprendraient sans peine, car ils produiraient sur eux une très forte impression, des secousses et des frissons de plaisir.

SOTIRIOS

Ainsi, donc comme Joanniskos désire tenir à ma fille par conjonction copulative, il remue Uranus et Géa pour me piper. Mais je ne m'y laisserai point prendre.

---

(1) Allusion au dictionnaire édité par Ghazis. Consulter « Coraïs ». Correspondance tome 2. Lettre du 17 janvier 1812.

ΑΥΓΟΥΣΤΟΣ

Νὰ εἴπω εἰς σὲ καὶ τὰ ὁποῖα δὲν ἐστοχάσθης ἄλλα δύω ; πρόσθες : Πέμπτον, ὅτι οἱ Βυζάντιοι ὄντες Θράκες καὶ ἐξαρχῆς βάρβαροι, δὲν εἶνι ἀπὸ τὴν φύσιν δημιουργημένοι εἰς τὸ νὰ αἰσθάνωνται τὰ καλὰ πράγματα, καὶ δὲν ἐμποροῦσι νὰ θέλγωνται ἀπὸ τὴν ἰδικήν μας γλῶσσαν. Ἕκτον, ὅτι αὐτοὶ συνειθίζονται νὰ πωλῶσι τὸν ὑμέναιον καὶ ζητοῦσι προίκας πλουσίας· καὶ μήτε αἱ Βυζάντιαι γυναῖκες ὑπανδρεύονται, ἂν δὲν δώσειν ἤθελον προῖκα καλήν, μήτε οἱ Βυζάντιοι ἄνδρες ἐπιγυναικώνονται, ἂν δὲν λαβεῖν ἤθελον παχύ, πλατὺ προικοσυμφωνητικὸν γράμμα. λοιπὸν ὁ Ἰωαννίσκος ζητήσειν θέλει ἀπὸ σὲ διὰ τὴν Ἑλενίσκην σου προῖκα χονδρήν, καὶ ὕστερον τὴν ἐπιγυναικωθῆν θέλει.

ΣΩΤΗΡΙΟΣ

Ἐγὼ ἀρκετὴν προῖκα δίδω εἰς τὴν θυγατέρα μου τὴν μέθοδον νὰ ἑλληνίζῃ τὰς βαρβαρικὰς λέξεις. αὐτὴ ἡ μέθοδος εἶνι ἀνταξία διακοσίων χιλιάδων νομισμάτων χρυσῶν. ἕως εἰς τόσον τοῦτον τὸν Ἰωαννίσκον τὸν Βυζάντιον, τὸν Θρᾶκα, θέλω διώξειν αὔριον ἀπὸ τὴν ἰδικήν μου οἰκίαν, καὶ τὸν προστάξειν νὰ μὴ πατήσῃ ὧδε τὸ ποδάριόν του.

ΑΥΓΟΥΣΤΟΣ

Τῇ ὥρᾳ ἄφες τον, καὶ αὔριον κάμε τὸ ὁποῖον θέλεις.

ΣΚΗΝΗ ΕΚΤΗ

ΣΩΤΗΡΙΟΣ, ΑΥΓΟΥΣΤΟΣ ΚΑΙ ΜΥΚΗΣ

ΜΥΚΗΣ

Ἧρθ' Ἀφέντ' ἡ Πόστα.

ΣΩΤΗΡΙΟΣ

Βάρβαρε, δὲν εἰπεῖν σὲ εἶχον νὰ ὀνομάζῃς τὴν Πόσταν, Πύστην πεζοδρόμιον διὰ τοῦ ὕψιλον, σημαίνουσαν φήμην διὰ ξηρᾶς ἐρχομένην ; αὐτοὶ οἱ ἄνθρωποι δὲν ἐμποροῦσι νὰ διορθωθῶσιν.

AUGUSTE

Veux-tu que j'ajoute encore deux points sur lesquels tu as omis de réfléchir ? C'est qu'en outre, quintement si que les Byzantins étant des Thraces et de tout temps gens barbares, Nature ne les a point étrennés pour sentir les choses belles. Ils ne sont donc point idoines à goûter le charme de notre langue. Sixtement, ils ont coutume de faire négoce de l'hyménée et de quêter de riches dots. Et ni les femmes byzantines ne trouvent mari à moins d'offrir une grosse dot, ni les hommes byzantins ne prennent femme sans avoir au paravant signé un bel et bon contrat de mariage. Joanniskos commencera donc par quérir de toi pour ton Hélénisque une forte dot avant, de consentir à l'épouser.

SOTIRIOS

C'est déjà offrir à ma fille une belle et bonne dot que de lui enseigner la méthode d'helléniser les termes barbares. Cette méthode vaut deux cent mille pièces d'or. Ce pendant ce Joanniskos, ce Byzantin, ce Thrace, je m'en vais le chasser de ma demeure dès demain et lui ordonner de ne plus porter ses pas céans.

AUGUSTE

Présentement ne l'inquiète point. Tu y pourvoiras demain.

Scène VI

SOTIRIOS, AUGUSTE, MYKIS

MYKIS

Mesté, la posto qu'arribo.

SOTIRIOS

Barbare, ne t'ai-je point dit d'appeler la poste « pyste pezodrome » avec un *y id est* annonce venue par voie de terre. Non ces gens-là ne s'amenderont jamais !

ΜΥΚΗΣ

Μὴ χολομανεῖς, Σελεππῆ μου. νὰ ποῦ λέγωττό, ἦρθ' ἡ μπύστης ἡ πεντζοδρόμος, κ' ἥφερε τουττανᾶ τὰ χαρτιά.

ΣΩΤΗΡΙΟΣ

Αὔγουστε, Λόγιος Ἑρμῆς μᾶς ἦλθε, καὶ εἶνι κᾶν ποσον χονδρὸ τὸ ἥτριον !

ΑΥΓΟΥΣΤΟΣ

Ἂς ἴδωμεν τὶ εἶνι τὰ ὁποῖα γράφει.

ΣΩΤΗΡΙΟΣ

(Διαβάζει τὸν Ἑρμῆν μεγαλοφώνως)

Τὸ ἰδικόν μας Γένος τῇ ὥρᾳ ἄφησε τὰ ὁποῖα ἔκαμνε πρὸ χρόνων ἀπὸ βράκους εἰς βράκος[1], δηλ. ἀπὸ δυσωδίας εἰς δυσωδίαν ψυλλικὰ πηδήματα, καὶ κάμνει τῇ ὥρᾳ γιγαντιαῖα, καὶ μεγαλοπρεπῆ. τὶς εἶνι, ὁ ὁποῖος καὶ φθονεῖν καὶ ἀναισθητεῖν θέλει, ὥστε νὰ μὴ εὐχαριστῇ εἰς τὸν Λόγιον Ἑρμῆν ; αὐτὸς ὁ πανλογιώτατος ἀποῦ ἐμβῆκεν εἰς τὴν μέσην πέτεται ὡς ἂν Πήγασος ἀπὸ τόπον εἰς τόπον, καὶ κοινοποιεῖ τὰς ἀνακαλύψεις τῶν φιλογενῶν. ἐπ' αὐτοῦ τοῦ Πηγάσου καθήμενον τῇ ὥρᾳ τὸ Γένος ἓν καταδέχεται εἰς τὸ ἐξῆς ν' ἀναβῇ εἰς τοὺς αἰῶνας τῶν Δημοσθένων, τῶν Πλατώνων, τῶν Ξενοφώνων, τῶν Θουκυδίδων, καὶ τῶν Ἡροδότων, ἀμμὴ ἀναβαίνει εἰς τὸν αἰῶνα τῶν Ὁμήρων, καὶ τῶν Ἡσιόδων, καὶ ἀκόμην ἐκεῖθεν εἰς τὸν αἰῶνα τοῦ Ὀρφέως, τοῦ Μουσαίου, καὶ τοῦ Λίνου, καὶ μάλιστα ἐλπίζομεν ν' ἀνάξωμεν τὴν ἰδικήν μας γλῶσσαν εἰς τὴν γλῶσσαν τῶν παλαιῶν Ὁμηρικῶν ἡρώων, καὶ νὰ ὁμιλῶμεν ὡς ἂν τὸν μελίστομον Νέστορα, ὡς ἂν τὸν ὀλίγα μέν, ἀμμὴ γλυκέως ὁμιλοῦντα Μενέλαον, ὡς ἂν τὸν χιονοβολόστομον Ὀδυσσέα, καὶ ὡς ἂν τὸν Παλαμήδην, τὸ ἀηδόνιον τῶν Μουσῶν, κατὰ τὸν Εὐριπίδην. Ὁ ἀκράτητος αὐτὸς Πήγασος, ὁ Λόγιος Ἑρμῆς λέγω, λακτίζων ἀκαταπαύστως τὰς χυδαϊκὰς καὶ λέξεις καὶ φράσεις, δάκνει τὸ χαλινάριον εἰς τὸ στόμα του, καὶ ἀνεμπόδιστος, πηδᾷ πετεινὸς[1]

---

1) Βράκος, ἀντὶς βραχί. 2) Πετεινός, ἀντὶς πεταχτός.

MYKIS

Te faches pas, Mesté. At disi : La biste petzodrome est là. E porto sous papès.

SOTIRIOS

Auguste, le *Mercure Savant*, nous est arrivé et le fascicule est bien gros !

AUGUSTE

Voyons un peu ce qui y est écrit.

SOTIRIOS

(Lisant le « Mercure » à haute voix).

La Nation a abandonné maintenant ces sauts de puce (1) qu'elle faisait il y a quelque temps et en fait présentement de gigantesques et d'imposants. Y aurait-il des hommes assez insensibles et envieux pour ne pas vouloir rendre cet hommage au *Mercure Savant* ? C'est ce pandoctissime *Mercure* qui, depuis son apparition, vole tel Pégase de lieu en lieu et y divulgue les inventions des patriotes. La Nation portée présentement par ce Pégase ne se borne plus à remonter jusqu'aux siècles des Démosthène, des Platon, des Xenophon, des Thucylide et des Hérodote, mais elle se hausse jusqu'à l'ère des Homère et des Hésiode, voir plus au delà jusqu'à icelle d'Orphée, de Mousée et de Linos. Mesmement nous espérons faire monter notre langue au rang de celle des antiques et homériques héros et arriver à parler comme Nestor à la bouche de miel, comme Ménélas, homme de bref discours, mais doux parleur, comme Ulysse chionobolostome et comme Palamède, le rossignolet des Muses, d'après Euripide. Ce Pégase incoercible, dis-je, le *Mercure Savant*, baillant des ruades incessantes contre les vocables et louranopète par-dessus les atmosphères des siècles, perce et cutions vulgaires, mordant les brides, irrépressible, s'élance

---

(1) Les sauts de puce figurent dans les Nuées d'Aristophane, 145. Le disciple apprend à Strepsiade comment Chéréphon a pu résoudre le problème posé par Socrate : « Combien une puce saute-t-elle de fois la longueur de ses pattes ?

ἐπάνω ἀπὸ τὰς ἀτμοσφαίρας πολλῶν αἰώνων, καὶ τρυπῶν ἐμβαίνει εἰς τὰς τῶν Κάδμων, καὶ τῶν Πελόπων. τοιαῦτα εἶνι τὰ θαυμαστά, καὶ περιβόητα κατορθώματα Λογίου Ἑρμοῦ, καὶ διὰ βεβαίωσιν προσφέρομεν τῇ ὥρᾳ εἰς τὰ ὀμμάτια τῶν ὁμογενῶν αὐτὰς τὰς ἐξῆς ἀνακαλύψεις !! Τὸ δέν, αὐτὸ τὸ ἀηδέστατον καὶ ἀνυπόφορον ΔΕΝ, ἡ ἀτιμία τοῦ Γραικικοῦ Γένους, εἰς διάστημα τόσων αἰώνων, κἂν εἰς ἕως τῆς ὥρας ἐν ἐστοχάσθη νὰ ἐξευγενίσῃ, εὑρίσκων τὴν ἀρχήν του. Ὅταν οἱ σοφοὶ τῆς Εὐρώπης κατὰ μίμησιν καὶ ἅμιλλαν τῶν παλαιῶν πάσχοντες διαφόρως νὰ εὕρωσι τὰς πηγὰς τοῦ Νείλου, ἀνέτρεξαν τέλος εἰς τὰς πηγὰς αὐτοῦ, καὶ τὰς εὗρον, ἡμεῖς ἀμελοῦντες, δὲν ἀγωνιζόμεθα κατὰ συνερισίαν τῶν Εὐρωπαίων νὰ ἀνατρέξωμεν εἰς τὴν καθαρὰν πηγὴν τοῦ ΔΕΝ μορίου.

Μόλις τὸ Γένος ἀποῦ ἤρχισε νὰ ὑπανοίγῃ τὰ ὀμμάτιά του (χάρις τῷ ὀμματοϊάτρῳ Λογίῳ Ἑρμῇ) κατ' ἀρχὰς ἀκόμην ἀμβλυωποῦν, ἔδωσε διαφόρους παραγωγὰς τούτου τοῦ ΔΕΝ, καὶ ἐνόμιζε πότε ἀπὸ τοῦ οὐδέν, πότε ἀπὸ τοῦ οὐδῆτα, καὶ πότε ἀπὸ τοῦ δὴν ὅτι διεφθάρη. ἀμμὴ τῇ ὥρᾳ ἀποῦ ἤρχισε νὰ βλέπῃ ὡς ἂν Λυγκεύς, εἶδεν, ὅτι ἡ πρωτογενὴς εὐγενὴς μορφὴ τοῦ ΔΕΝ εἶνι τὸ ἓν τὸ ἀριθμητικόν, καὶ κατὰ πλεονασμὸν βαρβαρικὸν ἐμβῆκε τὸ Δέλτα στοιχεῖον. οἱ παλαιοὶ μετεχειρίζοντο τὸ ἓν τὸ ἀριθμητικὸν ἀντὶ τοῦ οὐ ἀρνητικοῦ. βεβαιώνει τὸν ἰδικόν μου λόγον ἡ Ἑλληνικωτάτη Παροιμία «εἷς, οὐδείς». τὸ εἷς ἄρα ἰσοδυναμεῖ μὲ τὸ οὐδείς. καὶ ἓν ἄρα ἔλεγον ἀντὶ τοῦ οὐδέν. καὶ διὰ τοῦτο εἰς τὴν Χίον διέμεινε σῷον καὶ ἀκέραιον τὸ ἓν ἕως τῆς σήμερον. καὶ λέγουσιν ἐκεῖ, ἓν θέμεναι, ἓν κάμνουμέναι, ἓν πάμεναι, ἀντὶς τῶν οὐ θέλομεν, οὐ κάμνομεν, οὐχ ὑπάγομεν. Τὸ ὅμοιον ἠκολούθησε καὶ εἰς τὸ προστακτικὸν ἄς. Πρὸς κοινὴν ἔκστασιν, καὶ θαυμασμὸν ἐκδίδομεν καὶ κοινοποιοῦμεν εἰς τὸ Γένος, ὅτι τὸ ἂς τοῦτο διεφθάρη ἀπὸ τοῦ Δεῦτε. ἀμμὴ οἱ ἐκπληχθέντες ἀκούσατε, καὶ πεισθῆν θέλετε. Τὸ Δεῦτε ἔχει στοιχεῖα τὸ Δέλτα, τὸ ἔψιλον, τὸ ὕψιλον, τὸ ταῦ, καὶ τὸ ὑστερινὸν ἔψιλον. ἰδεῖν θέλετε τῇ ὥρᾳ, ὦ Γένος φίλτατον, πόσα στρεβλώματα ἐδοκίμασεν ἀπὸ τὴν βαρβαρότητα τῶν αἰώνων τὸ ἄθλιον προγονικόν μας Δεῦτε. τὸ δέλτα στοιχεῖον του, ἐπειδὴ καὶ εἶνι ἀγκυλωτόν, περιεπλέχθη, καὶ ἔμεινε τὸ Δεῦτε, ευτε· ὕστερον τὸ ἔψιλον ἐτράπη εἰς ἄλφα, καὶ

pénètre jusqu'à l'ère des Cadmus et des Pélops. Telles sont les merveilleuses et retentissantes prouesses du *Mercure Savant* et pour confirmation oculaire de notre dire nous présentons à nos compatriotes les découvertes suivantes. Le « den », ce den nauséabond et insupportable, le déshonneur de la nation hellénique, personne au cours de tant de siècles, ne s'advisa de l'ennoblir en en découvrant la primitive forme. Alors que les savants de l'Europe, entrant en imitation et émulation des anciens, s'évertuent diversement à découvrir les sources du Nil et y ont enfin réussi, nous autres dans notre négligence, ne besognons point à rivaliser avec les Occidentaux et à remonter à la source première de la particule *den*. A peine la Nation avait-elle commencé à entr'ouvrir les yeux (et cela grâce à cet oculiste qu'est le *Mercure Savant*) qu'elle donna, en un moment d'amblyopie première, diverses dérivations de ce « den », cuidant que c'était une corruption tantôt de « ouden », tantôt de « oudita », et tantôt de « din ». Mais maintenant qu'elle a commencé à y voir comme Lyncée (1), elle s'est aperçue que la forme originelle et noble de ce « den » c'est le « en » numéral, et que c'est par un pléonasme barbare que la lettre delta s'y est adjointe. Les anciens employaient le « en » numéral au lieu de « ou » négatif. Mon dire est confirmé par le proverbe grec *is, oudis* (un, aucun). Le *is* équivaut donc à *oudis*. Ergo disait-on *en* pour *ouden*. Ce pourquoy jusqu'à de nos jours à Chio ce *en* s'est conservé sain et sauf (2). Ainsi y dit-on « *en themene* » (nous ne voulons pas), « *en kamnoumène* » (nous ne faisons pas), « *en pamene* » (nous n'allons pas), pour « ou telomen » « ou kamnomen » « ouch ipagomen ». Il en advint similairement de « às » impératif. Nous divulgons à la Nation, nous lui apprenons — pour l'extase et l'admiration publiques — que cet « as » est une corruption de « defte ». Vous tous qui vous en étonnez, prêtez l'oreille et vous serez convaincus. Le mot

---

(1) Un des Argonautes, célèbre par sa vue perçante.

(2) A Chio den s'est changé en ène par disparition du delta.

ἔμεινε τὸ Δ ε ῦ τ ε, α υ τ ε. ὕστερον τὸ ὕψιλόν ἐτράπη εἰς ψιλήν, καὶ ἔμεινε τὸ Δ ε ῦ τ ε, ἀ τ ε. ὕστερον τὸ σ ί γ μ α, ἔχων τὸ δικαίωμα τῆς γειτονίας μὲ τὸ τ α ῦ, ἐμβῆκεν εἰς τὸν ἰδικόν του τόπον, καὶ ἔγεινε τὸ ἀ τ ε, ἀ σ ε· ὕστερον τὸ τελευταῖον ἔψιλον, ὅτι ἓν ὑπέφερε τῶν παλαιῶν φίλων του τὴν μεταμόρφωσιν, καὶ τὸν μετατοπισμόν, ἐπήδησε καὶ αὐτό, καὶ ἔγεινε ἀπόστροφος ἐπάνω εἰς τὸ ἅς'. ἰδοὺ λοιπὸν τὸ Ἄ Σ' πόθεν ἔχει τὴν ἀρχήν του. Ἄς ἴδωσι τὰ ξένα φθονερὰ ἔθνη, πόσον ἡ Γραικικὴ ἀγχίνοια ὅταν ὁδηγῆται προχωρεῖ, καὶ πόσα τεράστια κατορθώνει ! (ἡ συνέχεια ἀκολουθεῖ).

ΑΥΓΟΥΣΤΟΣ

(.Η συνέχεια ἀκολουθεῖ) λέγει ὁ Ἑρμῆς· δηλ. θέλει νὰ εἴπῃ ὅτι θέλομεν ἔχειν καὶ εἰς τὸ δεύτερον ἥτριον τὴν συνέχειαν διὰ τὸ Ἄς. ὢ θαυμασταὶ ἀνακαλύψεις ! θέλεις νὰ εἴπω εἰς σὲ τὴν ἀλήθειαν ; μεγάλην ὠφέλειαν ἐπροξένησε, καὶ προξενεῖ εἰς τὸ Γένος αὐτὸς ὁ Λόγιος Ἑρμῆς.

ΣΩΤΗΡΙΟΣ

Αὐτὸς εἶνι τοῦ ἰδικοῦ μας αἰῶνος ὁ Δελφικοὺς τρίπους.

ΜΥΚΗΣ (κατ' ἰδίαν)

Ἐτοῦττος ἔνναι ποῦ μ' ἔφκιασε ἀπὸ Μικὲ Μανιττάριν.

ΑΥΓΟΥΣΤΟΣ

Αὐτὸς εἶνι ὁ Δευκαλίων ὁ ἀναγεννητικὸς τοῦ ἰδικοῦ μας Γένους.

ΜΥΚΗΣ (κατ' ἰδίαν)

Ἐτοῦττος ἔνναι ποῦκαμμε τὸν σελεππῆ μου νὰ μὴν τὸν ἀπεικάζω ὁλότελας.

ΣΩΤΗΡΙΟΣ

Αὐτὸς εἶνι τὸ εἰς τὸ ὁποῖον λαγαρίζεται ἡ Γραικικὴ Γλῶσσα χωνευτήριον.

ΜΥΚΗΣ (κατ' ἰδίαν)

Ἐτοῦττος ἔνναι ποῦ σ' ἔκαμμε νὰ μὴν χωνεύγῃ τὸ στομάχιν σου.

defte est composé des lettres suivantes : *delta, epsilon, ypsilon, tav,* et d'un dernier epsilon. O nation très aimée tu vas présentement voir toutes les déviations qu'une barbarie séculaire a fait subir à notre pauvre *defte* ancestral. La lettre *delta* du fait d'être crochue s'est trouvée arrêtée et *defte* s'est réduit à *efte*. L'*epsilon* s'est ensuite mué en *alpha* et *defte* est devenu *afte*. Puis l'*ypsilon* s'est transformé en esprit doux et *defta* est devenu « *ate* ». Puis le *sigma*, par droit de voisinage, a remplacé le *tav* et cet *afe* est devenu *asse*. Enfin l'*epsilon* final ne pouvant supporter les translations et mutations de ses vieux amis, a sauté à son tour et s'est installé en apostrophe sur le « *as* ». Voilà donc d'où cet *As* tire son origine. Les peuples étrangers qui nous envient n'ont qu'à voir ce que peut l'esprit de perspicuité chez les Hellènes, lorsqu'il est bien dirigé et que de prodiges il sait accomplir ! (La suite prochainement.)

AUGUSTE

La suite prochainement, dit le *Mercure*. Il veut nous faire entendre que dans un second quaterne nous aurons une suite sur le *as*. O découvertes miraculeuses! Veux-tu savoir la vérité? Ce *Mercure Savant* a été et continue à être d'un grand service pour la Nation.

SOTIRIOS

C'est lui qui de notre siècle est le trépied delphique.

MYKIS (*à part*)

Es et qu'a hey de jou (1) d'un Miké un cep..

AUGUSTE

C'est lui le Deucalion, régénérateur de notre race.

MYKIS (*à part*)

Es et qu'a hey (2) que coumprengui pas mey arré de ço que dits lou mesté.

SOTIRIOS

C'est lui le creuset où s'épure la langue hellénique.

MYKIS (*à part*)

Qu'es pramo d'et qu'as maou aou crus de l'estoumat.

---

(1) De moi. (2) Fait.

ΑΥΓΟΥΣΤΟΣ

Αὐτὸς εἶνι τὸ διὰ τοῦ ὁποίου τὰ ἄχυρα τοῦ χυδαϊσμοῦ λικμῶνται λικμητήριον.

ΜΥΚΗΣ (κατ' ἰδίαν)

'Ετοῦττος ἔνναι ποῦ σ' ἔκαμμε νὰ μὴν βολῇς νὰ μοιράσῃς δυὸ γαϊδουριῶν ἄχερα.

ΣΩΤΗΡΙΟΣ

Αὐτὸς εἶνι τῆς Μακαρωνικῆς χιμαίρας ὁ Βελλερεφόντης.

ΜΥΚΗΣ (κατ' ἰδίαν)

'Ετοῦττος εἶνι ποῦ ἔκαμμέ σας φτενούς, ξερούς, καὶ 'ς τὸ καύκαλο τρύπιους σὰν τὰ μακαρώνια.

AUGUSTE

C'est lui le van où s'élimine la paille du vulgarisme.

MYKIS (*à part*)

Es et qu'a hey qu'es pas foutut de partaja lou hen (1)
a duos mitros (2).

SOTIRIOS

C'est lui le Bellérophon de la Chimère macaronique.

MYKIS (*à part*)

Es et qu'a hey de bousaou gens pecs (3) caps de boy,
espeço de cabessos traouquados (4), coumo lou macaroni (5).

---

(1) La paille. (2) A deux ânesses. (3) Fous.   (4) Caboches
percées.

(5) Dans tout ce passage l'auteur imite le rythme de l' « Akathistos Hymnos » (hymne que l'on chante debout), cantique fort
beau de l'Eglise orthodoxe, adressé à la Vierge lors du siège de
Constantinople par les Avars et les Perses (626).

Κορακίστικά   7

ΠΡΑΞΙΣ ΤΡΙΤΗ

ΣΚΗΝΗ ΠΡΩΤΗ

ΣΩΤΗΡΙΟΣ, ΑΥΓΟΥΣΤΟΣ ΚΑΙ ΙΩΑΝΝΙΣΚΟΣ

ΙΩΑΝΝΙΣΚΟΣ

Τῇ ὥρᾳ ἐκβαίνων ἀπὸ τὴν θύραν τῆς ἰδικῆς σου οἰκίας, εἶδον τὸ πλῆθος τῶν οἱ ὁποῖοι ἦσαν προτήτερον ὧδε, καὶ ἔρχονται μὲ ὁρμὴν καὶ μὲ κραυγὰς πολλὰς ὧδε εἰς τὴν ἰδικήν σου οἰκίαν ὡς ἂν μανιακοὶ καὶ ἔξω ἀπὸ τὰς ἰδικάς των φρένας. καὶ διὰ τοῦτο ἦλθον νὰ δώσω εἰς σὲ εἴδησιν, διὰ νὰ κυττάξῃς τὶ εἶνι τὸ ὁποῖον πρέπει νὰ κάμῃς εἰς αὐτὴν τὴν περίστασιν.

ΣΩΤΗΡΙΟΣ

Τὶ θέλει νὰ εἴπῃ τοῦτο ! ἓν ἐξεύρω τὶ σημαίνειν θέλει ! ἐγὼ ἔστειλα τούτους εἰς τὴν Τεσσαρακοστήν. ἔκβηθι ἐγρήγορα, Αὔγουστε, ἰδέ.

ΣΚΗΝΗ ΔΕΥΤΕΡΗ

ΣΩΤΗΡΙΟΣ, ΑΥΓΟΥΣΤΟΣ, ΙΩΑΝΝΙΣΚΟΣ ΚΑΙ ΜΥΚΗΣ

ΜΥΚΗΣ

Πρόφθασ' ὀχοννοῦς.[1] Σελεππῆ, καὶ τὸ κοράκι σου θὰ σοῦ τὸ ξεσκατίσσουσιν ὄξ' οἱ λωλλοὶ τοῦττοι ποὔσασσι προτητερνᾶ δαπᾶ.

ΣΩΤΗΡΙΟΣ

Τὶ λέγεις ; οἱ ξένοι ἦλθον ὧδε διὰ νὰ κακοποιήσωσι τὴν Ἑλενίσκην μου ; διατί ;

---

1) vite.

ACTE TROISIEME

Scène I

SOTIRIOS, AUGUSTE et JOANNISKOS

JOANNISKOS

Etant issu présentement de ton domicile, j'ai vu la foule de ceux, qui auparavant se trouvaient céans, se porter véhémentement et à grands cris de ce côté comme des maniaques et des frénétiques. Ce voyant, je suis venu t'en apporter l'avertissement afin que tu pourvoies à ce qu'il te faut faire en circonstance pareille.

SOTIRIOS

Que veut dire ceci ? Je ne sais ce que cela signifie. Je les ai envoyés à la Quadragésime. Issis vite, Auguste, vas y voir.

Scène II

SOTIRIOS, AUGUSTE, JOANNISKOS, MYKIS

MYKIS

Biste, meste ! Ta drolo (1) tout aquets pegas qu'eron aqui toutaro (2) te la bantua.

SOTIRIOS

Que dis-tu ? Les étrangers sont venus céans maltraiter mon Hélénisque ? Et pourquoi donc ?

____

(1) La fille.   (2) Tout à l'heure.

ΜΥΚΗΣ

Οὖλλοι τούττοι χυθήκασιν ἀδανᾶ καταπανωθιώ της, καὶ θὰ σοῦ τὴν κάμουσι χίλια κομμάτια. Πρόφθασε, λέγω σσου, κ' ἄφσε τούταις τῆς μωρολογιαῖς.

ΣΩΤΗΡΙΟΣ

Τρέξε ἐγρήγορα τῇ ὥρᾳ ἔξω, καὶ βάλλε τὰ ἰδικά σου δυνατά,[1] καὶ ἄρπασον ἀπὸ τὰς χεῖράς των τὴν Ἑλενίσκην μου· ὢ ὁ δυστυχής. τί νὰ κάμω τῇ ὥρᾳ. τίνα νὰ φωνήσω νὰ μὲ βοηθήσῃ. τὶς μὲ συνδραμεῖν θέλει. τὶς λυτρώσειν θέλει τὴν θυγατέρα μου. αἲ Ἑλενίσκη μου. ὢ ἁμαρτία[2] εἰς τὴν εὐμορφίαν σου, εἰς τὴν μάθησίν σου. ἀλλ' οἶ μόνον. ἀπωλεσθῆν θέλεις. Μύκη μου, Μυκήκιόν μου, κάμε ὅ,τι ἐμπορεῖς, ὅ,τι ἐξεύρεις.

ΜΥΚΗΣ

Ἴνδα μοῦ περνᾷ νὰ κάμω μοναχός μου μὲ τόσσους λωλλούς ;

ΣΩΤΗΡΙΟΣ

Εἰπὲ εἰς αὐτούς, ὅτι θέλω τοὺς καμεῖν μέλη ἀντεπιστέλλοντα τοῦ Λογίου Ἑρμοῦ· εἰπὲ ὅτι θέλω γράψειν τὸ ἐγκώμιόν των εἰς δέκα ἤτρια κατὰ συνέχειαν.

ΜΥΚΗΣ

Ἕν ἀπεικάντζω ἴνδα μοῦ λές. μήνα λωλαθήκετέννε κ' ἐσεῖς ; ἐγὼ πηγαίννω 'ς ἐτουττουννούς. ἀμμὰ τὸ κριματτάκι μου 'ς τὸ λαιμό σσου. (α)

ΣΚΗΝΗ ΤΡΙΤΗ

ΣΩΤΗΡΙΟΣ, ΑΥΓΟΥΣΤΟΣ, ΙΩΑΝΝΙΣΚΟΣ
καὶ ὁ ΥΠΗΡΕΤΗΣ ΤΗΣ ΑΣΤΥΝΟΜΙΑΣ

ΥΠΗΡΕΤΗΣ ΤΗΣ ΑΣΤΥΝΟΜΙΑΣ

Μόλις ἐμπόρεσα νὰ λυτρώσω τὴν θυγατέρα σου· ἐσίμωσαν[3] νὰ τὴν ἐκσχίσωσι. τὴν ἐπῆρα ἀπὸ τὰ χαίρια των, καὶ τὴν ἐφύλαξα εἰς οἰκίσκον.

---

1) au lieu de τὰ δυνατά σου. 2) au lieu de κρῖμα στὴν εὐμορφιά σου. 3) Ἐσίμωσαν, ἀντὶς ὀλίγον ἔλειψαν.

(α) Φεύγει.

MYKIS

L'y sont touts toumbats dessus et la ban bouta en milo boussis (1). Hé t'y (2) te disi e caro te (3).

SOTIRIOS

Cours-y vitement, mets-y toute la force qui est en toi et arrache de leurs mains mon Hélénisque. Pauvre de moi ! Oh ! que faire ? Qui hèlerai-je pour me secourir ? Qui voudra me prêter son concours?Qui sauvera ma fille? Ah ! Hélénisque ! C'en est fait de ta beauté, de ton savoir ! Hé las ! Tu vas périr. O mon Myki, mon Mykion ! fais ce que tu peux, ce que tu sais.

MYKIS

Que podi hesse tout soul contro tout aquets pegas ?

SOTIRIOS

Dis-leur que je les ferai membres correspondants du Mercure Savant. Dis-leur que je composerai pour eux des louanges dans dix quaternes successifs.

MYKIS

Coumprengui pas. Serets touts piquats ? Jou y couri, mais m'en laoui las mas (4).

Scène III

SOTIRIOS, AUGUSTE, JOANNISKOS, L'AGENT

L'AGENT

J'ai eu beaucoup de peine à libérer ta fille. Ils étaient tout proches de l'écarteler. Je l'ai prise d'entre leurs mains et l'ai mise en sûreté dans une mansenette.

---

(1) Mille morceaux.   (2) Dépêche-toi.   (3) Ne parle plus.
(4) Je m'en lave les mains.

— 102 —

ΣΩΤΗΡΙΟΣ

Ποῖοι εἶνι αὐτοί ; διὰ τὶ ἦλθον ὧδε καὶ κάμνουσι παραφροσύνας ;

ΥΠΗΡΕΤΗΣ ΤΗΣ ΑΣΤΥΝΟΜΙΑΣ

Ἀποῦ ἐπῆρα ἀπ' ὧδε τοὺς ξένους εἰς τὴν Τεσσαρακοστήν, ἤρχισα νὰ δίδω εἰς αὐτοὺς ὡς ἂν ἐμετικὸν ἀπὸ ἕν φύλλον Λογίου Ἑρμοῦ. οἱ ἄλλοι ἤρχισαν νὰ ἐξερῶσι, καὶ ἀποῦ ἔμεσαν λεκάνας πολλάς, ἔπεσον λειποθυμημένοι. ἀμμὴ αὐτοὶ οἱ Ἰωαννῖται ἔτυχε τὸ ἐμετικόν των νὰ εἶνι ἕν φύλλον ὅλον γεμιστὸν ἀπὸ σχόλια τοῦ ἐκδότου, καὶ ἀποῦ τὸ ἔπιον, δὲν ἐπέρησαν :..

ΣΩΤΗΡΙΟΣ

Μὴ λέγῃς δὲν ἐπέρησαν, ἀμμὴ ἕν ἐπέρησαν. τῇ ὥρᾳ ἔμαθον κ' ἐγὼ τοῦτο ἀπὸ τὸν ὁ ὁποῖος ἦλθεν Ἑρμῆν.

ΥΠΗΡΕΤΗΣ ΤΗΣ ΑΣΤΥΝΟΜΙΑΣ

Ἕν ἐπέρησαν, ἀποῦ ἔπιον τὸ φύλλον, δύο στιγμαί, καὶ ἤρχισαν οἱ Ἰωαννῖται νὰ στρέφωσιν ἄνω κάτω τὰ ὀμμάτιά των, καὶ νὰ ἀφρίζωσι, καὶ νὰ τρίζωσι τὰ ὀδόντιά των, καὶ εὐθὺς ἐκβῆκαν ἀπὸ τὰς φρένας των, καὶ ἔτρεξαν μὲ ἐκφωνητά,[1] καὶ ὥρμησαν ὧδε, λέγοντες ὅτι σὲ φονεύσειν θέλουσιν. ὁ ἄθλιος ὁ Μύκης ἐκβῆκεν ἔξω διὰ νὰ λυτρώσῃ τὴν θυγατέρα σου, καὶ αὐτοὶ ἄφησαν ἐκείνην, καὶ ἐπίασαν τὸν Μύκην, καὶ τὸν τυμπανίζουσιν.[2] ἂς ἐκβῶμεν ἔξω διὰ νὰ λυτρώσωμεν τὸν ἄθλιον Μύκην.

ΣΩΤΗΡΙΟΣ

Καὶ πῶς τὸν λυτρώσειν θέλομεν ; εἴπατε κἂν ποιον τρόπον, κἂν ποιαν μέθοδον.

ΑΥΓΟΥΣΤΟΣ

Ἐγὼ στοχάζομαι ὅτι πρέπει ν' ἀναγνώσωμεν εἰς αὐτοὺς δύο φύλλα Λογίου Ἑρμοῦ ὡς ἂν ἐξορκισμούς· ἴσως προξενήσειν θέλει νάρκωσιν εἰς τούτους αὐτὴ ἡ ἀνάγνωσις, καὶ ἀποκοιμηθῶσιν.

---

1) Ἐκφωνητά, ἀντὶς ξεφωνητά. 2) Τυμπανίζουσιν, ἀντὶς στουμπανίζουσιν.

SOTIRIOS

Quels sont ces gens ? Pourquoi venir céans extravaguer ?

L'AGENT

Lorsque j'eus emmené ces étrangers à la Quadragésime, je me suis mis à donner à chacun d'eux comme émétique une feuille du *Mercure Savant*. Les autres commencèrent à rendre et après qu'ils eurent eu vomi de quoi remplir nombre bassins ils s'affaissèrent en lipothymie. Il arriva nonobstant que la part d'émétique échue aux Joannites fut une feuille toute farcie des commentaires de l'éditeur et à peine l'eurent-ils bue, qu'il ne s'était pas passé...

SOTIRIOS

Ne dis pas, dène mais « ène ». Je viens de l'apprendre à l'instant, au *Mercure* nouvellement arrivé.

L'AGENT

Il ne s'était donc pas passé deux minutes, après l'absorption des feuilles, et les Joannites se mirent à tourner de haut en bas les globes oculaires, à écumer, à grincer des dents. Ils issirent hors leur raison et se précipitèrent ici en vociférant et en criant qu'ils allaient te tuer (1). Le pauvre Mykis sort pour délivrer ta fille. Aussitôt eux de l'abandonner et de saisir Mykis sur qui ils sont en train de tambouriner dru. Allons délivrer ce pauvret.

SOTIRIOS

Le délivrer et comment ? Indiquez-nous quelque procédé, quelque méthode.

AUGUSTE

M'est advis que nous devrions, en guise d'exorcisation, leur lire deux pagines du *Mercure Savant*. Il se peut que cette lecture agisse comme narcotique et qu'ils s'assoupissent.

---

(1) Allusion à l'Epirote Néophytos Doucas, un des adversaires les plus violents de Coraïs et à Valanos, professeur au collège de Yannina.

ΙΩΑΝΝΙΣΚΟΣ

Ἀνόητε· τὶ λές ; ὁ Ἑρμῆς σᾶς ἔφερα τόσα κακὰ 'ς τὸ κεφάλι σας, καὶ πάλ' ἐκεῖνον ἐνθυμᾶστε ;

ΣΩΤΗΡΙΟΣ

Ἀμμὴ τὶ νὰ κάμωμεν ;

ΙΩΑΝΝΙΣΚΟΣ

Μὴ σὲ μέλει· ἐγὼ τώρα σᾶς γλυτόνω ὅλους. ἔχετ' ἐδῶ κανένα γλυστῆρι ;

ΣΩΤΗΡΙΟΣ

Ἔχω. διότι ἐπειδὴ καταγίνομαι εἰς τὰ λεξικὰ πολλὰς ὥρας διὰ τοῦτο πάσχω ἀπὸ δυσκοιλιότητα, καὶ μεταχειρίζομαι καθ' ἡμέραν κλυστήριον, καὶ τὸ ἔχω πρόχειρον τῇ ὥρᾳ.

ΙΩΑΝΝΙΣΚΟΣ

Μὴ περιττολογίαις. τρέξε, φέρε τό με.

ΣΩΤΗΡΙΟΣ

Ὧδε σιμᾶ μου τὸ ἔχω. ἰδοῦ τοῦτο. πίασον αὐτό.

ΙΩΑΝΝΙΣΚΟΣ

Πολλὰ καλά· ἐλᾶτε μαζί μου λοιπόν, καὶ θέλετε ἰδῇ.

ΣΚΗΝΗ ΤΕΤΑΡΤΗ

ΙΩΑΝΝΙΣΚΟΣ, ΣΩΤΗΡΙΟΣ, ΑΥΓΟΥΣΤΟΣ, ΜΥΚΗΣ, ΕΛΕΝΙΣΚΗ, καὶ ΥΠΗΡΕΤΗΣ ΤΗΣ ΑΣΤΥΝΟΜΙΑΣ, καὶ οἱ ΙΩΑΝΝΙΤΑΙ, οἱ ὁποῖοι γροθοκοποῦν τὸν Μύκην.

ΙΩΑΝΝΙΤΑΙ

Βαρῆτε, παιδιά, τὸ σκλί, βαρῆτε το.

ΜΥΚΗΣ

Ἰββὶ ἡ κεφαλλή μου· ἰββὶ τὰ πλαταράκια μμου· ἴνδα ἔκαμιά σας ἐγὼ διάοντρου κουλούκια ; [1] νὰ ὁ σελεπῆς μου· ἐτοῦττος ἔστειλέ σας 'ς τὴ σαρακοστή.

---

1) Chiens ; Pousses sauvages.

JOANNISKOS

Insensé, que dis-tu? Le *Mercure* a déjà déchaîné sur vous pas mal d'infortunes. Et c'est lui encore que vous invoquez.

SOTIRIOS

Que faire alors ?

JOANNISKOS

Sois tranquille. Je vais vous délivrer à l'instant. Auriez-vous quelque clystère.

SOTIRIOS

J'en ai, car passant des heures à compulser les lexiques je suis du ventre constipé. Je m'en sers journellement et l'ai sous la main.

JOANNISKOS

Pas de vaines paroles. Dépêche-toi d'aller le chercher.

SOTIRIOS

Il est là à mes côtés. Le voici. Préhende-le.

JOANNISKOS

C'est bon. Venez donc avec moi et vous allez voir.

Scène IV

JOANNISKOS, SOTIRIOS, AUGUSTE, MYKIS,

HELENISQUE, L'AGENT et les JOANNITES
qui sont en train de battre Mykis

LES JOANNITES

Véni les éfants. Eunn tripotée soul l'veill lô.

MYKIS

Aï moun cap! aï mous petits umes! (1). Qu'ets ès fé het tat de machantos herbos Baqui moun Meste. Es et quets a boutats en carême.

---

(1) Epaules.

(Οἱ Ἰωαννῖται ἀφίνουν τὸν Μύκην, καὶ ὁρμοῦν εἰς τὸν Σωτήριον, καὶ αὐτὸς ἀγωνίζεται νὰ φύγῃ φωνάζοντας καὶ παρακαλῶντας).

ΣΩΤΗΡΙΟΣ

Ὦ ὁ ἄθλιος· τί εἶνι τὸ ὁποῖον ἔκαμα εἰς σᾶς ; λυπηθῆτε τὴν σοφίαν μου, εὐλαβηθῆτε τὸν πατέρα τῆς νέας γλώσσης, τόν, ὁ ὁποῖος εὗρε τὸ πρωνόν; τὸ κᾶν ποια, τὸ ἐντάμα, τὸ ἐκρυσεῖον, τὸ σορδισμός, τὸ κενόφως, τόν, ὁ ὁποῖος καταγίνεται νὰ εὕρῃ τὸν γάδαρον, τόν, ὁ ὁποῖος ἔμαθε τῇ ὥρᾳ τὸ ΔΕΝ ὅτι εἶνι ἀπὸ τὸ ἕν, καὶ τὸ ἄς', ὅτι εἶνι ἀπὸ τὸ δ.....

ΙΩΑΝΝΙΤΑΙ

Γιάτος μόρ παιδιὰ βαρῆτε τον.

ΣΩΤΗΡΙΟΣ

Ὦ ἔνδοξοι ἀπόγονοι τῶν θαυμαστῶν Ἑλλήνων, διατὶ δέρετε βαρβαρικῶς τὸν σωτῆρα, τὸ καύχημα τοῦ ἰδικοῦ σας Γένους ; ἀλλ' οἷ μόνον, φθάνει, φιλοτιμεῖσθε νὰ ἀποδείξητε εἰς τὴν ἰδικήν μου ῥάχιν, ὅτι ἦστε ἀπόγονοι τοῦ Πολυδεύκους ; ἀλλ' οἷ μόνον, φθάνει.

ΙΩΑΝΝΙΤΑΙ

Ἀκόμα χουγιάζει π' ἀνάθεμα τὴ ψυχή του· βαρῆτε τον νὰ πάῃ 'ς τ' ἀνάθεμα.

ΙΩΑΝΝΙΣΚΟΣ

(Εὐγάζωντας τὸ γλυστῆρι εἰς τὴν μέση, ὁρμᾷ εἰς τοὺς Ἰωαννίταις)

Τώρα σᾶς δείχνω ἐγώ, ἀρβανίτικα κεφάλια· κρεμασμένοι, τώρα βλέπετε ποῦ θὰ σᾶς καθίσω τὸ γλυστῆρι.

ΙΩΑΝΝΙΤΑΙ

Πᾶ, πᾶ, πᾶ, νὰ φύγουμεν, μόρ παιδιά· γιάτο τὸ γλυστρίδι, θὰ μᾶς παλουκώσουν. νὰ φύγουμεν, νὰ φύγουμεν.

(Φεύγουν, ἀφίνουν τὸν Σωτήριον)

ΣΩΤΗΡΙΟΣ

Ἴχ ἡ ῥάχις μου ! ἴχ τὰ πλευρά μου· ἐσύνθλασαν ὅλα τὰ

(Les Joannites abandonnant Mykis se précipitent vers Sotirios qui se débat et cherche à fuir en criant grâce.)

SOTIRIOS

Misérable de moi ! Que vous ai-je fait? Pitié pour mon érudition ! respect vis-à-vis du père de la langue nouvelle, de celui qui découvrit le « pronon », le kanpia, le endama, les ecrysses, le sordisme, les cénophotes, qui s'emploie à retracer la dérivation de gadaros, qui vient d'être instruit à l'instant que le DEN dérive du *en* et que « as, » vient de d...

LES JOANNITES

Teni lô dourr. Boti lô de cô d'sola (1).

SOTIRIOS

O illustrent descendants des mirifiques Hellènes pourquoi battre barbariquement le sauveur, le paragon de votre race ? Hé las ! Cela suffit. Vous targuiez-vous de prouver au su de mon dos être du lignage de Polydeuke ? Hé las ! Cela suffit.

LES JOANNITES

E boelle écô (2) Boti lou é l'ours! (3) Què si crova.

JOANNISKOS

(Sortant le clystère s'élance sur les Joannites). — Attendez donc un peu têtes d'Albanais ! (4) Pendards, je m'en vais vous coller le clystère. Vous allez voir.

LES JOANNITES

Gare ! Foutimes li camp nôdjô. Wêlo l'clystère ! E vé no paissa do ceutte brôche.

(Ils s'en vont laissant Sotirios.)

SOTIRIOS

Aï mon dos ! aï mes côtes ! Avec leurs poings d'Alba-

---

(1) Coups de souliers.   (2) Il crie encore.   (3) Que le diable l'emporte.   (4) Expression usuelle. S'applique aux gens entêtés.

ἰδικά μου μέλη οἱ αὐθαδέστατοι, οἱ ἀπαίδευτοι μὲ τοὺς ἀλ-
βανιτικούς των γρόνθους.

ΜΥΚΗΣ

Ὀχχοῦ ἡ κεφαλλή μου.

ΙΩΑΝΝΙΣΚΟΣ

Τί ; σ' ἐχτύπησαν πολύ ;

ΜΥΚΗΣ

Μοῦ κοπανίσσασι τὴν κεφαλλή μου, καὶ μοῦ τὴν κάμασσι
σὰν σκορδαλιά. ὀχχοῦ.

ΙΩΑΝΝΙΣΚΟΣ

Σ' ἔδωσαν πολλοὺς γρόνθους, Σωτήριε ;

ΣΩΤΗΡΙΟΣ

Μὲ ἔκαμαν στυππεῖον. ἴχ ! ἴχ ! πῶς εἶσι, φιλτάτη Ἑλενίσκη μου ;

ΕΛΕΝΙΣΚΗ

Δὲν ἔχω τίποτες. ἐπρόφθασ' ὁ ὑπηρέτης τῆς Ἀστυνομίας, καὶ μ' ἐγλύτωσ' ἀπὸ τὰ χέρια τους. τὶ γύρευες, ὦ Πατέρα
μου, νὰ ἔχῃς νὰ κάμῃς μὲ τέτοιους κατεργάριδες.

ΙΩΑΝΝΙΣΚΟΣ (κρυφᾶ πρὸς τὴν Ἑλενίσκη)

Ἔπαθες τίποτες, Κερά μου ; νὰ μὴν τρόμαξες ;

ΕΛΕΝΙΣΚΗ

Δὲν ἔχω τίποτες. τὸν πατέρα μου πλὴν φοβοῦμαι νὰ μὴν
πάθῃ τίποτες.

ΙΩΑΝΝΙΣΚΟΣ (κρυφᾶ πρὸς τὴν Ἑλενίσκη)

Καλὰ ταῖς ἔφαγ' ἀπὸ τοὺς Ἀρβανίταις. ἐγὼ τὸν ἄφησ'
ἐπιταυτοῦ νὰ φάγῃ πρῶτα καλαῖς, καὶ ὕστερα νὰ τὸν γλυ-
τώσω.

ΕΛΕΝΙΣΚΗ

Πολλὰ ἄνοστος εἶσαι.

nais, ils m'ont fracturé les membres, les insolents ! les apedeftes !

MYKIS

Ah moun cap !

JOANNISKOS

Qu'y a-t-il. T'a-t-on battu très fort ?

MYKIS

M'an boutat lou cap à l'aïllado. Ah !

JOANNISKOS

As-tu reçu beaucoup de coups, Sotirios ?

SOTIRIOS

Ils m'ont mis en étoupe. Ich ! ich ! Comment te sens-tu mon Hélénisque, tant chère ?

HELENISQUE

Je n'ai rien. L'agent a eu juste le temps de me délivrer d'entre leurs mains. Mais pourquoi, mon père, chercher affaire à de pareils vauriens ?

JOANNISKOS

(*A part à Hélénisque.*)

T'est-il rien arrivé, dame de mon cœur ? As-tu eu peur ?

HELENISQUE

Je n'ai rien. Mais je crains qu'il n'arrive du mal à mon père.

JOANNISKOS

(*A part à Hélénisque.*)

Les Albanais lui ont donné son compte. Je l'ai laissé à dessein recevoir sa raclée pour le sauver ensuite.

HELENISQUE

Tu es bien insipide, mon cher.

ΣΩΤΗΡΙΟΣ

'Ιωαννίσκε μου φίλτατε, πῶς νὰ σὲ ἀποδώσειν θέλω τὰς χάριτας ; σὺ ἐλύτρωσας κ' ἐμέ, καὶ τὴν θυγατέρα μου ἀπὸ τὸν φοβερὸν τοῦτον κίνδυνον. ἔφαγον κᾂν ποσους γρόνθους, ἀμμὴ ἕν μὲ κόπτει. ἡ σωτηρία τῆς Ἐλενίσκης μου μ' ἔκαμε νὰ μὴ αἰσθάνωμαι τὸν πόνον τῶν γρόνθων. ἕως εἰς τόσον ἐκοπίασας, 'Ιωαννίσκε μου, καὶ ἴσως πεινᾶς· ἂς ἑτοιμάσωσι τὸ τραπέζιον, διὰ νὰ ἀριστήσωμεν ἐντάμα.

ΙΩΑΝΝΙΣΚΟΣ

Μὲ συγχωρεῖς. δὲν ἔχω ὄρεξιν· φάγετε σεῖς, κ' ἐγὼ ὑπάγω εἰς τὸ σπουδαστήριον νὰ μελετήσω κομμάτιον.

ΣΩΤΗΡΙΟΣ

Ἂς φέρωσι λοιπὸν φαγίον διὰ ν' ἀριστήσωμεν ἡμεῖς.

ΣΚΗΝΗ ΠΕΜΠΤΗ

ΣΩΤΗΡΙΟΣ, ΑΥΓΟΥΣΤΟΣ, ΕΛΕΝΙΣΚΗ ΚΑΙ ΜΥΚΗΣ

(Κάθουνται 'ς τὸ τραπέζι καὶ τρώγουν)

ΜΥΚΗΣ

'Αφέντη, μόνο δυὼ σκαμνιὰ ἔνναι γερά, τἄλλα τσακίσασσίντα οἱ λωλλοί.

ΣΩΤΗΡΙΟΣ

Λοιπόν, Ἐλενίσκη μου, ἂς καθίσωμεν καὶ οἱ δύω μεῖς εἰς μίαν καθέκλαν. ἰδοὺ ἐκάμομεν συνίζησιν. ποῦ εἶνι οἱ χυδαῖοι μὲ τὴν συνίζησίν των ; ἡμεῖς οἱ δύο ἐν εἴμεσθα χωρισμένοι κατὰ τὰ ἄτομά μας ; μ' ὅλον τοῦτο καθήμεθα εἰς τὴν αὐτὴν καθέκλαν ; οὕτω καὶ εἰς ἕνα πόδα μετρικὸν ἐμποροῦσι δύω συλλαβαὶ νὰ στήκωνται, καὶ νὰ προφέρωνται χωρίς. καὶ ὅχι ὡς λέγουσιν οἱ χυδαῖοι, ὅτι εἶνι συνίζησις τὸ νὰ προφέρῃ τις τὴν καρδίαν καρδιάν, τὴν φωτίαν φωτιάν, τὴν ἀρρωστίαν ἀρρωστιάν, καὶ ὅτι πρέπει νὰ προφέρωμεν τὰς συνιζήσεις τῆς Ἑλληνικῆς οὕτω ;

SOTIRIOS

Joanniskos, mon tant aimé, comment vais-je te rendre grâce ? C'est toi qui as sauvé et ma fille et moi de ce terrible danger. J'ai reçu quelques coups, mais cela m'indiffère. La délivrance de mon Hélénisque fait que je n'en sens point la douleur. Nonobstant tu as peiné, mon Joanniskos, et il se peut que tu aies faim. Que l'on apprête le couvert, afin que nous déjeunions ensemble.

JOANNISKOS

Toutes mes excuses. Je n'ai point d'appétit. Mais que cela ne vous empêche pas de manger à votre tour. Je m'en vais dans le spoudastère étudier quelque peu.

SOTIRIOS

Eh bien alors, qu'on nous apporte à déjeuner.

Scène V

SOTIRIOS, AUGUSTE, HELENISQUE et MYKIS
(Ils se mettent à table et commencent à manger.)

MYKIS

Meste, aquets pegas t'an tout coupat (1). Y a pas mey què dus souquets (2) d'aploun.

SOTIRIOS

Eh bien, mon Hélénisque, asseyons-nous tout deux sur un même siège. Nous faisons ainsi une synizèse ! Que diraient de cela les vulgaristes? Nous deux ne sommes-nous pas des quiddités disjointes? Et ce pendant nous sommes assis sur une même chaise? On peut faire de même tenir deux syllabes en un seul pied métrique tout en les prononçant séparément. C'est autre chose que la synizèse des vulgaristes, qui consiste à dire cardja pour cardia, fotja pour fotia, arrostja pour arrostia, et qu'ils nous proposent comme exemple de synizèse hellénique.

---

(1) Cassé.   (2) Escabeaux.

ΕΛΕΝΙΣΚΗ

Διατί ; ποῖος ᾗ λόγος ὅτι οἱ Ἕλληνες δὲν ἐπρόφερον οὕτω τὴν συνίζησιν ;

ΣΩΤΗΡΙΟΣ

Διότι ἡ προφορὰ αὐτὴ ἕν εἶνι ἑλληνική· καὶ ἦτο ἀδύνατόν ἡ γλῶσσα τῶν θεῶν νὰ ἔχῃ τοιαύτας προφοράς.

ΜΥΚΗΣ

Κάλ' ἀφίστεννε 'ς τὸν πάγιο σας πῶς λαλούσασσιν οἱ θεοί, κι' ἀρχίστεννε νὰ τρῶτε καταπῶς τρῶσιν οἱ ἀθρῶποι.

ΣΩΤΗΡΙΟΣ

Καλῶς λέγεις. ἂς' ἀρχίσωμεν· τοῦτο τὸ ζωμίον μὲ τὰ κομμάτια τῶν ψωμίων εἶνι θαυμάσιον. γεύσου, Αὔγουστε, καὶ τὸ νοστιμευθῆν θέλεις.

ΑΥΓΟΥΣΤΟΣ

Γλυκύτατον ! τῷ ὄντι θαυμασιώτατον. ὁ μάγειρος εἶνι ἐπιτηδειότατος. αὐτὸς ἐχρημάτισε μάγειρος εἰς τὸν ἐπίσκοπον Κλαδουπόλεως. πρέπει λοιπὸν νὰ ἐξεύρῃ νὰ μαγειρεύῃ θαυμασίως.

ΜΥΚΗΣ

Γλέππω[1] πῶς ἀνοίξασσί σσας τὴν ὄρεξι ἡ γροθοκοπιαῖς.

ΑΥΓΟΥΣΤΟΣ

'Αμμὴ πῶς νομίζεις ; ἀνοίγουσι βεβαίως τὴν ὄρεξιν, καὶ προξενοῦσιν εὐθυμίαν. διότι εἶνι τιμὴ νὰ δέρηται, νὰ στρεβλώννηται, καὶ ν' ἀποθνήσκῃ τις, ὑπερασπιζόμενος τὴν νέαν αὐτήν μας Γλῶσσαν. ἐγὼ ἐπεθύμουν νὰ ἐδερόμην, καὶ νὰ ἐπληγωνόμην. ἤθελον ἔχειν τοῦτο ἰδικόν μου καύχημα.

ΜΥΚΗΣ

Ἄθ θὲς ξυλιαῖς, οἱ 'Αρβαννίταις ἔνναι 'δώ 'ξω· τώρη σοῦ τοὺς κράζω καὶ σοῦ τοὺς παίντζουσι καλλαῖς.

---

1) Βλέπω. Comparer en grec ancien βλέφαρον et γλέφαρον.

HELENISQUE

Pourquoi? Pour quelle raison les Hellènes ne prononçaient point ainsi la synizèse ?

SOTIRIOS

Cette prononciation n'est point hellénique. Il est impossible que la langue des dieux ait eu pareils groupes de sons.

MYKIS

Què diable eds occupats de la lenguo dus Dius ! Boutats bous (1) à bouffa coumo homes !

SOTIRIOS

Tu dis vrai. Préludons. Ce bouillon aux croustons est exquis. Goûtes-en, Auguste, tu le trouveras, certes, délectable.

AUGUSTE

.Exquis, en effet ! Délectissime ! Ce cuisinier est un preux. Il a été maître queux de l'Archevêque de Brancheville. Il ne peut donc que cuisiner excellemment.

MYKIS

Tè ! Lous patacs (2) bous an baillat un famus appétite.

AUGUSTE

Comment donc ! Ils allèchent certes l'appétit et donnent de la joyeuseté. Car c'est un honneur que se laisser battre, estropier et occire en défendant cette nouvelle langue qu'est la nôtre. Que n'ai-je pu être, moi aussi, bastonné, lardé de coups, molesté. J'en eusse été fier !

MYKIS

As embejo (3) de cots de bastoun? Lous Albanès soun encouero aqui. Lous aperi e tè baqui roussat, bei.

---

(1) Mettez-vous. (2) Patoches. (3) Envie.

Κορακιστικὰ   8

ΑΥΓΟΥΣΤΟΣ

Εἶμι πρόθυμος νὰ χύσω τὸ ἰδικόν μου αἷμα, καὶ ν' ἀθλή-σω διὰ τὴν γλῶσσαν μας. ἕως τοῦ ὑστερινοῦ σταλαγμοῦ τοῦ αἵματός μου θέλω κράζειν, Ζήτω τὸ πρωνόν, ζήτω τὸ κᾶν ποια, ζήτω τὸ ἐντάμα, μὴ ἀποθανείτω τὸ ἡρωϊκὸν ἀποῦ.

ΣΩΤΗΡΙΟΣ

Ἒν εἶνι καιρὸς τῶν φιλονεικιῶν τούτων, Αὔγουστε· τὸ ἐψητὸν τοῦτο πῶς φαίνεται εἰς σέ ;

ΑΥΓΟΥΣΤΟΣ

Ἐψητὸν θαυμάσιον· ἐμπυριζόλαι[1] ἀξιόλογοι· ἀμμὴ αὐταὶ ζητοῦσι καὶ κᾶν ποιον ἔξοινον[2] ἐντάμα.

ΣΩΤΗΡΙΟΣ

Ἐσίμωνα νὰ τὸ ἐκχάσω. Μύκη, ποῦ εἶνι τὸ ἐλαδιοξιδιο-αλατολαχανοκαρίκευμα ;[3] ἒν εἶχον παραγγείλειν εἰς σὲ ὅτι θέλω νὰ κάμῃς σήμερον ἐλαδιοξιδιοαλατολαχανοκαρύκ... ἴκ.. ἴκ.. ἴκ..

(Ὁ Σωτήριος προφέρνωντας τὴν λέξιν αὐτὴν ἐκομπώθηκε κ' ἐστάθηκ' ἡ λέξις αὐτὴ 'ς τὸ λαιμό του κ' ἐκινδύνευε νὰ πνιγῇ).

ΕΛΕΝΙΣΚΗ

Τὶ ἔπαθ' ὁ πατέρας μου ;

ΣΩΤΗΡΙΟΣ

Ἴκ.. ἴκ.. ἴκ.. (ἐγούρλωσε τὰ μάτια του).

ΕΛΕΝΙΣΚΗ

Νερὸ φέρτε γλήγορα, νερό, νερό.

ΜΥΚΗΣ

Δοῦτεν του γρόθθους ἀπουπίσσω νὰ γλυτστρίσ' ἡ λέξι κάττω.

---

1) Ἐμπυριζόλαι, ἀντὶς μπριζόλαις, ἀπὸ τοῦ ἐν τῷ πυρὶ ἰζάνειν ὅλη. 2) Ἔξοινον, ἀντὶς ξοινόν. 3) Ἐλαδιοξιδιολατολαχανοκαρύ-κευμα, ἀντὶς λαχανοσαλάτα.

AUGUSTE

Je suis tout prêt à verser mon sang et à entrer en lice
en faveur de notre langue. Je saurait crier jusqu'à l'ul-
time goutte de mon sang : Vive l'*albe*, vive le *kan pia*,
vive le *endamna*, que, oncques ne périsse l'héroïque
« apou ».

SOTIRIOS

Ce n'est pas le moment de pareilles controverses. Auguste, que dis-tu de ce rôt ?

AUGUSTE

Ce rôt est exquis. Ces empyrizoles, excellentes. Elles
demandent nonobstant quelque acide vinique.

SOTIRIOS

J'étais tout proche de l'oublier, Myki, où est donc l'éla-
dioxidioalatolachanokarikevma?Ne t'avais-je point mandé
pour aujourd'hui un éladioxidioalatolachanokarik ik... ik...
ik....

(*Sotirios s'étrangle en prononçant ce mot qui s'arrête
dans la gorge et risque de l'étouffer.*)

HELENISQUE

Qu'est-ce qui arrive à mon père ?

SOTIRIOS

Ik..... ik..... ik..... (les yeux lui sortent de la tête).

HELENISQUE

Vite de l'eau. dépêchez-vous: de l'eau !

MYKIS

Struquats (1) léi l'esquio (2) per ha glitsa lou mote
dinco (3) en bas.

---

(1) Tapez.   (2) Dans le dos.   (3) Jusque.

ΣΩΤΗΡΙΟΣ

Ἴκ ... ἴκ .. ἴκ ..

ΕΛΕΝΙΣΚΗ

Ὤχ ἡ ἄθλια· τὶ νὰ κάμω ; θὰ πνιγῇ ὁ πατέρας μου.

ΑΥΓΟΥΣΤΟΣ

Ἄς' φωνήσωμεν ἐγρήγορα κἂν ἕνα ἰατρόν.

ΣΚΗΝΗ ΕΚΤΗ

ΙΩΑΝΝΙΣΚΟΣ ΚΑΙ ΟΙ ΛΟΙΠΟΙ

ΙΩΑΝΝΙΣΚΟΣ

Τὶ φωναῖς εἶν' αὐταῖς ; τὶ ἐπάθετε πάλε ; τὶ ἔπαθ' ὁ Σωτῆρις ;

ΕΛΕΝΙΣΚΗ

Ἐπρόφερε μιὰν λέξι ἐλαδιοξιδιοαλατολαχανοκαρύκευμα.

ΙΩΑΝΝΙΣΚΟΣ

Γιὰ ὄνομα Θεοῦ ! τὶ λέξις ! ἔ ; ὕστερα ;

ΕΛΕΝΙΣΚΗ

Ὕστερα κάθισ' αὐτὴ ἡ λέξις 'ς τὸν λαιμό του, κ' ἡ μισ'
εἶναι μέσα, κ' ἡ ἄλλή της ἔξω, καὶ μήτε μέσα καταιβαίνει,
μήτε ἔξω βγαίνει, καὶ κινδυνεύει νὰ πνιγῇ ὁ Πατέρας μου.
γιὰ ὄνομα Θεοῦ, Γιάνκο ἀφέντη μου κάμε κανέναν τρόπον.

ΙΩΑΝΝΙΣΚΟΣ

Ἄφσε τον νὰ κακαρώσῃ, γιὰ νὰ γλυτώσουμεν.

ΕΛΕΝΙΣΚΗ (μὲ θυμό).

Δὲν εἶν' ὥρα γιὰ νὰ χωρατεύῃς. γιὰ ὄνομα Θεοῦ ἂν ἦστε
χριστιανοί, τρέξτε, βοηθῆστε τον.

ΙΩΑΝΝΙΣΚΟΣ

Τὶ παραζαλίζετε τοὺς ἀνθρώπους ; τὶ σηκώνετε τὸν κόσμο

SOTIRIOS

Ik..... ik..... ik.....

HELENISQUE

Malheureuse ! que faire ? mon père va étouffer.

AUGUSTE

Faisons vite mander quelque médecin.

Scène VI

JOANNISKOS

Que sont ces cris ? Que se passe-t-il encore ? Qu'ar-
rive-t-il à Sotirios ?

HELENISQUE

Il a prononcé le mot : Eladioxidioalatolachanokari-
kevma (1).

JOANNISKOS

Grand Dieu ! quel mot ! Et bien ! ensuite ?

HELENISQUE

Ensuite, ce mot lui est resté dans la gorge. Il en a
avalé la moitié, l'autre moitié lui pend dehors. On ne peut
ni le faire rentrer, ni le faire sortir et mon père risque
d'étouffer. Pour l'amour du ciel, Yanko, mon doux maître, trouve moyen de le sauver.

JOANNISKOS

Laisse-le casser sa pipe. Nous en serons quitte une
bonne fois.

HELENISQUE (*avec colère*).

Ce n'est pas le moment de plaisanter. Pour l'amour de
Dieu, si vous êtes des chrétiens, courez, venez-lui en aide.

JOANNISKOS

Pourquoi tout ce tintamarre ? Pourquoi mettre tout le

____

(1) Voir aussi Aristophane. Eccl. 1169-1175 et Poèmes prodromiques A. 96, 210. B. 345.

'ς τὸ ποδάρι ; ἔχετ' ὑπομονή. τώρα τώρα τὸν γιατρεύω. Σωτῆρι πὲς λάδι.

ΣΩΤΗΡΙΟΣ

Λα--Λα--λάδι .. κούχ .. κούχ.

ΙΩΑΝΝΙΣΚΟΣ

Κατέβηκε κάτω τὸ λάδι ;

ΣΩΤΗΡΙΟΣ

Χάν.

ΙΩΑΝΝΙΣΚΟΣ

Πὲς ξίδι.

ΣΩΤΗΡΙΟΣ

Ξί--ξι--ξίδι .. κούχ .. κούχ .. κούχ ..

ΙΩΑΝΝΙΣΚΟΣ

Κατέβηκε κι' αὐτὸ κάτω ;

ΣΩΤΗΡΙΟΣ

Χούν.

ΙΩΑΝΝΙΣΚΟΣ

Πὲς ἅλας.

ΣΩΤΗΡΙΟΣ

Ἅλας.

ΙΩΑΝΝΙΣΚΟΣ

Κατέβηκε κι' αὐτὸ κάτω. πὲς λάχανο, νὰ καταίβῃ κι' αὐτὸ
κάτω. ἔ, πάει καλά. Τώρα μᾶς ἔμεινε μόνον τὸ καρύκευμα.
φέρετέ μ' ἂν ἔχετε δοντάγραν, γιὰ νὰ τὸ τραβίξουμεν.

ΑΥΓΟΥΣΤΟΣ

Τῇ ὥρᾳ τὴν φέρειν εἰς σὲ θέλω ἀπὸ τὸ σπουδαστήριον.
τὴν ἔχομεν διὰ νὰ ἐκβάλλωμεν τὰ στοιχεῖα ἀπὸ τὰς ὁποίας
ἐξελληνίζομεν λέξεις.

monde sans dessus dessous. Un peu de patience. Je vais le guérir de suite. Sotiri, dis huile.

SOTIRIOS

Hui... hui... huile. Hm... Hm.

JOANNISKOS

Est-ce que l'huile est descendue ?

SOTIRIOS

Oua !

JOANNISKOS

Dis *vinaigre*.

SOTIRIOS

V.... vi... vinaigre... Hem !... Hem !

JOANNISKOS

Est-ce qu'il est descendu aussi ?

SOTIRIOS

Hum !

JOANNISKOS

Dis *sel*.

SOTIRIOS

Sel.

JOANNISKOS

Le voilà descendu également. Essaie maintenant de dire *choux* pour que cela descende aussi. Ça va bien. Il ne nous reste plus que le « karikevma ». Apportez-moi des tenailles, nous allons l'arracher.

AUGUSTE

Je vais te les chercher dans le spoudastère. Nous nous en servons pour arracher les lettres aux mots que nous désirons atticiser.

ΙΩΑΝΝΙΣΚΟΣ

Καὶ πῶς ; μὲ τὴν δοντάγρα τραβᾶτε τὰ στοιχεῖ' ἀπὸ ταῖς λέξαις ;

ΑΥΓΟΥΣΤΟΣ

Καὶ πῶς ἐμπορεῖ νὰ ἐκβάλλῃ τις τὸ πρὸ τόσων αἰώνων κολλημένον, καὶ ριζωμένον ρ ο ἀπὸ τὴν λέξιν π ο υ ρ ν ό, καὶ νὰ τὸ μεταπήξῃ μεταξὺ εἰς τὸ π ι καὶ εἰς τὴν ου δίφθογγον ; ἢ νὰ ἐκβάλλῃ ἀπὸ τὴν λέξιν γ λ ή γ ο ρ α τὸ λ ά μ- 6 δ α καὶ νὰ βάλλῃ ρ ο ; ἡμεῖς ὄχι μόνον ὀδοντάγραν μετα- χειριζόμεθα διὰ ν' ἀνασπῶμεν τὰ βαρβαρικὰ στοιχεῖα, ἀμμὴ ἔχομεν καὶ σφυρίον διὰ νὰ καρφώνωμεν ἀντὶ τῶν χυδαϊκῶν στοιχείων τὰ ἑλληνικά. καθὼς εἰς τὸ ἀ ν τ ά μ α ἀνεσπάσα- μεν τὸ ἄ λ φ α, καὶ ἐκαρφώσαμεν τὸ ἔ ψ ι λ ο ν. ὑπάγω τῇ ὥρα νὰ φέρω τὴν ὀδοντάγραν· ἄ...'. ἐλανθάσθην. τὴν ἔχω εἰς τὸν κόλπον μου. ἰδοὺ πίασον αὐτήν. ἀμμὴ ἐγὼ ἂς' ὑπάγω νὰ φωνήσω κἂν ἕνα ἰατρόν. (α)

('Ο Ἰωαννίσκος πιάνει τὴν δοντάγρα, καὶ τὴν χώνει 'ς τὸ στόμα τοῦ Σωτηρίου, καὶ τραβᾶ τὴν λέξιν κάρύκευμα)

ΙΩΑΝΝΙΣΚΟΣ

Ἔ, νὰ ποῦ εὐγῆκε κι' αὐτὸ τὸ ἀναθεματισμένο καρύκευμα. καμαρῶστέ το.

ΕΛΕΝΙΣΚΗ

Τὶ φρικτὸ πρᾶγμα ! πόσ' ἀγκάθια ἔχει ! μοιάζει τὰ κόκ- καλα τοῦ Σκορπιδιοῦ !

ΙΩΑΝΝΙΣΚΟΣ

Πῶς εἶσαι τώρα, Σωτῆρι ;

ΣΩΤΗΡΙΟΣ

Ἐλευθερώθην.... μόνον ὁ λάρυγξ μου ἐκσχίσθηκε, καὶ προξενεῖ εἰς ἐμὲ πόνους πολλούς.

ΙΩΑΝΝΙΣΚΟΣ

Τώρα βαλσαμώνω καὶ τὸν λάρυγγά σου. πὲς τρεῖς φοραῖς λαχανοσαλάτα.

(α) Φεύγει.

JOANNISKOS

Comment ! c'est avec des tenailles que vous arrachez les lettres des mots?

AUGUSTE

Et comment pourrait-on arracher de « pourno » ce r qui s'est accroché et enraciné depuis tant de siècles, et le piquer ensuite entre le pi et la diphtongue ou ? ou bien détacher le lambda de « gligora » et le remplacer par un r. Non seulement nous manions les tenailles pour extirper les lettres barbariques, mais nous nous servons encore d'un martelet pour clouer à leur place des lettres helléniques. Ainsi avons-nous arraché à l'andama l'alpha et avons-nous mis à la place un épsilon. Mais je cours chercher les tenailles. Tiens, je me suis trompé. Je les porte sur mon sein. Les voilà ! Mais je cours quérir quelque médecin.

(Joanniskos s'empare des tenailles, les plonge dans la bouche de Sotirios et en arrache le mot « karikevma ».)

JOANNISKOS

Eh ! voilà aussi ce maudit karikevma. Vous pouvez l'admirer à loisir.

HELENISQUE

Quelle chose horrible ! ça vous a des épines, ça ressemble à un scorpion.

JOANNISKOS

Comment te sens-tu à présent, Sotiri ?

SOTIRIOS

J'en suis délivré... il n'y a que ma gorge qui en soit meurtrie et me cause de grandes douleurs.

JOANNISKOS

Je m'en vais de suite te verser un peu de baume dans la gorge. Prononce trois fois « *lachanosalata* » (salade de choux).

ΣΩΤΗΡΙΟΣ

Βαρβαρικὴ λέξις εἶνι. πῶς νὰ τὴν προφέρω. δὲν ἐμπορῶ, καλλήτερον νὰ πνιγῶ, παρὰ τὸ νὰ τὴν προφέρω.

ΙΩΑΝΝΙΣΚΟΣ

Πρόφερέ την, κ' ὕστερα φτύσε την.

ΣΩΤΗΡΙΟΣ

Λαχανοσαλάτα ! οὔφ !

ΙΩΑΝΝΙΣΚΟΣ

Ἄλλη μιὰ φορά.

ΣΩΤΗΡΙΟΣ

Λαχανοσαλάτα ! αἴχ !

ΙΩΑΝΝΙΣΚΟΣ

Ἄλλη μιὰ φορά· σφίξε τὴν καρδιά σου, Σωτηράκι μού.

ΣΩΤΗΡΙΟΣ

Λαχανοσαλάτα. ὦ τοῦ θαύματος. ἐπέρησαν εὐθὺς οἱ πόνοι. εὐθὺς ἐβαλσαμώθη ὁ λάρυγξ μου. δὲν εἶμι ἄξιος νὰ σ' εὐχαριστήσω, Ἰωαννίσκε μου. χρεωστῶ εἰς σὲ δὶς τὴν ζωήν μου, καὶ ἅπαξ τὴν ζωὴν τῆς Ἑλενίσκης μου. ἀπ' ὁποίους κινδύνους μᾶς ἐλύτρωσας. ἀμμὴ δίδεται νὰ ἔχῃ τόσην ἐνέργειαν ἡ χυδαϊκὴ καὶ βαρβαρικὴ λέξις λαχανοσαλάτα ;

ΙΩΑΝΝΙΣΚΟΣ

Κύλ', ἀκόμα δὲν ἐσωφρονίσθηκες ; ἐξ αἰτίας τῆς κορακιστικῆς σας αὐτῆς Γλώσσας ἐδάρθηκες σήμερα τόσο, ὥστ' ἐκινδύνευσες ν' ἀποθάνῃς. ἐκινδύνευσες ἐξ αὐτῆς τῆς γλώσσας νὰ πνιγῆς, κι' ἀκόμα γνῶσι δὲν ἔβαλλες ; τῇ ἀληθείᾳ σὲ βεβαιώνω ἂν δὲν παραιτήσῃς αὐτὴν τὴν κορακιστικομανίαν, αὐτὰ ποῦ ἔπαθες σήμερα εἶναι τίποτες. ἔχεις νὰ πάθῃς πολλὰ χειρότερα. ἀπορῶ πῶς δὲν σᾶς ἔρχουνται σπασμοὶ ἀπὸ τά, τὴν ἀπὸ τὴν ὁποίαν σας, ὁποῦ τὰ ὀνομάζεται ἀττικισμούς. ἀπορῶ πῶς δὲν σᾶς ἔρχεται λόξυγγας ἀπὸ τὰ ἀποῦ, τὰ ἐντάμα, τὰ πρωνόν, τὰ ἀπίσως, καὶ ταῖς λοιπαῖς σας φλυαρίες·

SOTIRIOS

Le terme est barbarique. Comment le prononcer ? Je ne peux. Plutôt étouffer que le proférer.

JOANNISKOS

Prononce-le. Tu n'auras qu'à la cracher ensuite.

SOTIRIOS

Salade de choux ! Ouf !

JOANNISKOS

Encore une fois.

SOTIRIOS

Salade de choux ? Bah !

JOANNISKOS

Encore une fois. Un peu de courage, mon petit Sotirios.

SOTIRIOS

Salade de choux ! Oh miracle ! la douleur a disparu. Mon larynx est guéri. Mon Joanniskos, je ne peux assez te remercier. Je te doix deux fois ma propre vie et une fois celle de mon Hélénisque. De quels dangers ne nous as-tu pas délivrés ? Mais cela se peut-il qu'un mot aussi vulgaire et barbarique qu'est « lachanosalata » soit d'un effet aussi énergique ?

JOANNISKOS

Comment, tu ne t'es pas encore rendu à la raison? Pour ton langage korakistique, tu as été aujourd'hui tellement roué de coups, que tu as failli trépasser. C'est encore à cause de ce langage que tu as manqué étouffer. Ne viendras-tu pas à la raison ? En vérité, je te jure, que si tu n'abandonnes pas cette korakisticomanie, tu en verras de pires. Ce qui t'es arrivé aujourd'hui est peu de chose. Je suis surpris que vous n'ayez pas encore de convulsions avec vos *lesquelles, desquelles,* que vous appelez des atticismes. Je m'étonne que vous ne soyez pris de hoquet avec vos *apou,* vos *endama, prono, apissos* et le reste de vos balivernes. Je m'étonne que vous n'ayez pas eu encore un coup d'apoplexie à fouiller les diction-

ἀπορῶ πῶς δὲν σᾶς καταβαίν' ἀποπληξία ὅταν σκαλίζετε τὰ
λεξικά, διὰ νὰ πλάττετε, καὶ νὰ μεταμορφώνετε ταῖς λέξαις
κατὰ τὴν φαντασία σας. δὲν αἰσχύνεσθε, δὲν ἔρχεσθε πλέον
εἰς τὸν ἑαυτόν σας ; ποιὸς καταχθόνιος δαίμονας διὰ νὰ τυ-
ραννῇ τὸ Γένος μας σᾶς ἔβαλε 'ς τὸν νοῦν σας αὐτὸ τὸ κατα-
ραμένον ἀσύστατον σύστημα, τάχα διορθωτικὸ τῆς γλώσσας
μας, καὶ ἴσια ἴσια ἀφανιστικώτατο ; εὐγάλλετε 'ς τὴν μέση αὐτὰ τὰ κορακιστικά, τὰ ὁποῖα πῶς νὰ τὰ ὀνομάσω ; ἑλληνικά ;
ἑλληνικὰ δὲν εἶναι. ρωμαῖκα ; κάθε πρᾶγμα εἶν' ἔξ' ἀπὸ ρω-
μαῖκα· τὶ θὰ πῇ πρωνόν ; τὶ σημαίνει τὸ κἄν ποια ; τὶ νόημα
ἔχει τὸ ἀηδέστατο ἀποῦ ; τὶ ἀττικισμὸν ἔχει τὸ ἀπὸ τὴν πρὸς
τὴν ὁποίαν ; ποῦ νὰ βρίσκουμεν αὐταῖς ταῖς λέξαις σας ; εἰς
ποιὸν συγγραφέα ; εἰς ποιὸ λεξικό ; εἰς ποιὸν τόπον ; σὲ παρακαλῶ, ὅταν λέτε γιὰ καμμιὰν λέξιν, ὅτι αὐτὴ ἦτον Δωρικὰ
ἔτζι, κ' ἐγιν' Αἰολικὰ ἔτζι, καὶ Ἰωνικὰ ἀλλεῶς, καὶ Ἀττικὰ
ἀλλεῶς, τὶ ἐννοεῖτε ; ὅτι ἡ συνήθεια τῶν τόπων ἔχει τὸ δικαίωμα νὰ μεταμορφώνῃ ταῖς λέξαις ; αὐτὸ ἐννοεῖτε ; ἢ ὅτι
ἡ Γλῶσσα τῶν Ἑλλήνων ἦτο Γλῶσσα τῶν Θεῶν, καθὼς λέτε,
καὶ μόνον οἱ Θεοὶ ἠμποροῦσαν νὰ δημιουργήσουν εἰς μιὰν
ροπὴν ἐξαρχῆς, καὶ νὰ μεταπλάττουν αὐτοὶ ὕστερα κατὰ τὴν
θέλησί τους τὴν Ἑλληνικὴν Γλῶσσαν ; ἂν ἐννοῇτ' αὐτό, σᾶς
συγχαίρουμαι γιὰ τὰ μυαλά σας. εἰδὲ καὶ δὲν τὸ στοχάζεσθε,
διατὶ σᾶς φαίνουνται παράξεναις αἱ μετάπλασαις τῆς Ρωμαίκης Γλώσσας, μετάπλασαις ὁποῦ ταῖς κάμν' ἡ συνήθεια
ἑνὸς ὁλοκλήρου ἔθνους ; καθὼς ἡ μὲν Ἀττικὴ συνήθεια ἔλεγ'
ἡμέραν, καὶ ἡ Δωρικὴ ἁμέραν, καὶ ἡ Ἰωνικὴ ἡμέρην, καὶ ἡ
Αἰολικὴ μέραν, δὲν ἠμπορεῖ καὶ ἡ ρωμαίκη συνήθεια ἐκείνην
τὴν συλλαβὴν ὁποῦ οἱ Ἀττικὴ ἔκαμναν Χάς, οἱ Ἴωνες Χός,
οἱ Αἰολεῖς Χίς, νὰ τὴν κάμῃ κι' αὐτὴ Χές ; καὶ πάλ' ἐκείνην
τὴν συλλαβήν, ὁποῦ οἱ Ἀττικοὶ ἔκαμναν Φές, οἱ Ἴωνες Φός,
οἱ Δωριεῖς Φίς, δὲν ἠμποροῦν οἱ Ρωμαῖοι νὰ τὴν κάμουν
Φάς ;

ΣΩΤΗΡΙΟΣ

Καλά, καλά. Πλὴν τὴν ἐντροπὴ τὶ τὴν κάμνεις ; ἀφ' οὗ ὡς
τώρ' ἐδοξάσθηκα ,κ' ἐφημίσθηκα γι' αὐτὸ τὸ σύστημα, τώρα

naires, pour forger et transformer dès mots selon votre fantaisie. Vous deviez avoir honte, et rentrer enfin en vous-mêmes. Quel démon infernal vous a, pour le martyre de la Nation, mis en tête ce système, système maudit, sans cohérence aucune, soi-disant fait pour amender la langue et qui, au contraire, l'embrouille de plus en plus. Vous nous avez sorti ces korakistiques, que je ne sais comment qualifier. Du grec? Ce n'en est pas. Du rómaïque ? Encore moins. Que veut dire « prôno »? que signifie « kan pia » ? quel sens peut avoir cet exécrable « apou »? En quoi « apo tin pros tin opian » est-il une forme attique ? Où diable trouver ces termes ? dans quel auteur ? quel dictionnaire ? quel pays ? Dis-moi, je te priè, lorsque vous dites d'un mot qu'en dialecte dorique il était ainsi, en éolien qu'il est devenu telle chose et autre chose en ionien, et autre chose encore en attique, qu'entendez-vous par là ? Que l'usage local a le droit de transformer les mots ? Est-ce là ce que vous entendez ? Ou bien que la langue des Hellènes est la langue des dieux, ainsi que vous vous plaisez à le dire, et que seuls les dieux ont pu créer d'un seul coup et transformer ensuite à leur gré la langue hellénique ? Si c'est ainsi que vous l'entendez, tous mes compliments pour votre cervelle. Et si telle n'est pas votre idée, pourquoi les transformations de la langue romaïque vous paraissent-elles étranges, transformations que consacre l'usage général d'une nation entière. Puisqu'il était d'usage de dire « imeran » en attique, « ameran » en dorien, « imerin » en ionien et « meran » en éolien, une syllabe qui était en attique *khas*, en ionien *khos*, en éolien *khis*, ne peut-elle devenir *khes* dans l'usage romaïque ; et telle autre syllabe devenue *phes* en attique, *phos* en ionien, *phis* en dorièn, ne peut-elle devenir *phas* en romaïque (1) ?

SOTIRIOS

Bien, bien, mais que fais-tu de la honte, de l'amour-

---

(1) L'auteur s'amuse ici à faire des jeux de mots d'un goût douteux.

πῶς ἠμπορῶ νὰ τὸ ἐξομώσω, βέβαια θὰ γένω ὄνειδος καὶ ἐξουθένημα κοινό.

ΙΩΑΝΝΙΣΚΟΣ

Οἱ μωροί, καὶ ἀνόητοι θὰ σὲ περιγελάσουν. οἱ γνωστικοὶ ὅμως θέλουν σὲ θαυμάσει, καὶ θέλουν σ' ὀνομάσει τῷ ὄντι φιλόσοφον, ἐπειδὴ ἐθυσίασες τὴν δόξα σου, καὶ τὸ κέρδος σου εἰς τὴν ἱερὴν ἀλήθεια.

ΣΩΤΗΡΙΟΣ

Καλὰ μὲ συμβουλεύεις. ἔτζι θὰ κάμω. ὦ ! μὲ πόσην εὐκολίαν ὁμιλῶ τώρα. εἰς καιρὸν ὁποῦ πρῶτα ἐμποδίζουμουν εἰς κάθε λέξι, κ' εἰς κάθε φράσι. Ἰωαννίσκε μου ὁ Αὔγουστος ἔρχεται.

ΣΚΗΝΗ ΕΒΔΟΜΗ

ΣΩΤΗΡΙΟΣ, ΑΥΓΟΥΣΤΟΣ, ΙΩΑΝΝΙΣΚΟΣ, ΕΛΕΝΗ,
ΜΥΚΗΣ, ΚΑΙ ΑΠΛΟΧΕΙΡΙΣΚΗ

ΣΩΤΗΡΙΟΣ

Γιατὶ ἔρχεσαι. τόσο κοκκινοβολισμένος, Αὐγουστῆ ;

ΑΥΓΟΥΣΤΟΣ

Ὑπῆγα νὰ κράξω τὸν ἰατρὸν Χαρίδημον, καὶ λέγων εἰς αὐτὸν νὰ ἔλθῃ ὧδε, καὶ διηγούμενος τὴν ἀπὸ τὴν ὁποίαν ἐκινδύνευες νὰ πνιγῇς περίστασιν, μεταξὺ εἰς τὴν ἰδικήν μου ὁμιλίαν, εἶπον ἀντὶ τοῦ Δ ὲ ν, τὸ νεωστὶ ἐφευρημένον Ἔ ν. ἐκεῖνος μὲ ἠρώτησε διατὶ λέγω ἔ ν, ἀντὶ τοῦ δ ὲ ν, ἐγὼ ἀπεκρίθην εἰς τοῦτον, ὅτι εἶνι νέα ἀνακάλυψις, ἐπικυρωμένη ἀπὸ τὸν Λόγιον Ἑρμῆν, καὶ ἀνέλυσα ὅλην τοῦ ἔ ν τὴν θεωρίαν. ἀμμὴ αὐτὸς ἐν ἠθέλησε νὰ τὸ ἀποδεχθῇ, καὶ ἤρχισε μεταξὺ μας φιλονηκία· ἐκεῖνος διϊσχυρίζετο. ὅτι τὸ Δ ὲ ν εἶνι ἀπὸ τοῦ Δ ἢ ν, ἐγὼ ἐπέμενον, ὅτι τὸ Δ ὲ ν κατάγεται ἀπὸ τὸ ἔ ν. ἐκεῖνος Δ ἢ ν, ἐ γ ὼ ἔ ν, Δ ἢ ν, ἔ ν, ἔ ν, Δ ἢ ν, κατηντήσαμεν εἰς πολλὰς καὶ μεγάλας περὶ ἑλληνικῆς γλώσσης ὠφελίμους στοχασμούς τε καὶ διαλέξεις. Ἕως εἰς τόσον, Σωτήριε, σὲ βλέπω, ὅτι εἶσι καλῶς καὶ ἰατρεύθης, καὶ χαίρω.

prcpre ? Puisque je me suis rendu illustre jusqu'à présent et que j'ai acquis de la renommée grâce à ce système, comment puis-je le renier ? Il est certain que je deviendrai la risée de tout le monde.

JOANNISKOS

Il n'y a que les niais et les sots qui riront de toi. Les gens sensés, par contre, sauront t'admirer, et c'est alors qu'ils verront en toi un vrai philosophe, car tu auras sacrifié renommée et profits à la sainte vérité.

SOTIRIOS

Tu es de bon conseil. C'est ce que je vais faire. Oh ! avec quelle facilité je m'exprime maintenant, quand tout à l'heure, je m'arrêtais à chaque mot, à chaque phrase. Mon Joanniskos, voici Auguste qui arrive.

Scène VII

SOTIRIOS, AUGUSTE, JOANNISKOS, HÉLÈNE, MYKIS et APLOCHERISQUE

SOTIRIOS

D'où viens-tu Avgoustis, pour être rouge comme une tomate ?

AUGUSTE

J'ai été appeler le docteur Kharidimos. Or, en le priant de venir et en lui exposant dans quelles circonstances tu as failli étouffer, j'ai, au cours de mon récit, employé au lieu de « Den » le « èn » nouvellement découvert. Il me demanda pourquoi je disais « en » au lieu de « den ». Je lui répondis que c'était une nouvelle découverte sanctionnée par le *Mercure Savant*, et je lui en fis toute l'analyse de la théorie. Mais celui-ci ne voulant point l'admettre, il s'en suivit une controverse entre nous. Lui prétendait que *den* vient de *din* ; de mon côté, je m'obstinai à dire qu'il dérive de « en ». Lui de dire *din*, moi de dire *en* ; *en, en, din*, bref nous aboutimes à maintes grandes discursions et pensements utiles au sujet de la langue hellénique. Ce pendant, Sotirios, je constate que tu es bien, que tu t'es guari et je m'en resjouis.

ΣΩΤΗΡΙΟΣ

Μάλιστα· γιατρεύθηκε κι' ὁ λάρυγγάς μου, καὶ ὁ νοῦς μου.

ΑΥΓΟΥΣΤΟΣ

Τί θέλει νὰ εἴπῃ αὐτὴ ἡ μεταβολή ! διατὶ παραλαλεῖς, καὶ χυδαΐζεις ;

ΣΩΤΗΡΙΟΣ

Πρῶτα παραλαλοῦσα, τώρ' ὅμως ὁμιλῶ φρόνιμα· τί τρίβεις τὰ μάτια σου ; Κύταξέ με καλά· ἐγὼ εἶμ' ὁ Σωτήρης, κι' ὄχι ἄλλος.

ΑΥΓΟΥΣΤΟΣ

Σὺ χυδαΐζεις ; σύ ;

ΣΩΤΗΡΙΟΣ

Ἐγὼ ὁμιλῶ τὴν γλῶσσα τοῦ Γένους μου.

ΑΥΓΟΥΣΤΟΣ

Καὶ ἠθέτησας τὸ σύστημά σου ; τὸ ἠθέτησας !

ΣΩΤΗΡΙΟΣ

Τὸ ἀθέτησα, καὶ τὅριξα νὰ πάῃ στοῦ διαβόλου τὴν μάνα κι' ἀκόμη παρακεῖ.

ΑΥΓΟΥΣΤΟΣ

Βλάσφημε, ἀρνητά, ἐξωμότα, λειποτάκτα, ρίψασπι ! τί νομίζεις ; ἂν σὺ ἔρριψας τὴν ἀσπίδα σου, (καὶ μ' ὅλον ὅτι ἔπρεπε νὰ κρατῇς αὐτήν, καὶ νὰ λέγῃς ἢ τὰν, ἢ ἐπὶ τὰν) νομίζεις, ὅτι ἡ Λακεδαίμων τῆς νέας γλώσσας ἓν ἔχει πολλοὺς τοὺς κάρρονάς σου ; ὦ Πρωνόν, ὦ Κᾶν ποια, ὦ ἐντάμα, ὦ ἀπίσως, ρίψατε κεραυνοὺς τῇ ὥρᾳ καὶ κατακαύσετέ τον ! Ἄθλιε ! πῶς ἠθέλησας ν' ἀτιμήσῃς τὸ γῆράς σου, ν' ἀναιρέσῃς τὰ ὁποῖα πάμπολλα ἔγραψας, καὶ ν' ἀκυρώσῃς τὰ ἰδικά σου συγγράμματα τὰ τόσον ἔνδοξα καὶ περίφημα ;

ΣΩΤΗΡΙΟΣ

Μ' ὅλον ὁποῦ γέρος, καὶ ξώρας, πάλ' ὅμως χαίρουμ' ὁποῦ ηὗρα τὴν ἀλήθεια.

SOTIRIOS

Bien sûr. J' suis guéri d' la gorge et d' la tête.

AUGUSTE

Que signifie ce revirement ! tu divagues ! tu emploies l'usage vulgaire ?

SOTIRIOS

C'est tout à l'heure que je divaguais. A présent, je parle raison. Tu t' frottes les yeux, hein ? Regarde-moi bien. C'est moi-même Sotirios... N'y pas à s' tromper.

AUGUSTE

C'est toi qui tiens ce langage vulgaire ? Toi !

SOTIRIOS

Moi, j' parle la langue d' mon pays.

AUGUSTE

Tu as renié ton système ? renié !

SOTIRIOS

J' l'ai renié, j' l'ai envoyé promener. Qu'il aille au diable vert et plus loin encore !

AUGUSTE

Blasphémateur, renégat, parjure, déserteur, fuyard ! Mais si tu as jeté ton bouclier (quoi que tu eusses dû le garder et dire ! i tan i epi tan »), t'imagines-tu que la Lacédémone de la langue nouvelle n'a point maints preux plus vaillants que toi ? O *Pronon*, ô *Kan pia*, ô *Endama*, ô *Apissos*, frappez-le sur l'instant de vos foudres, et qu'il périsse sous votre feu ! Misérable ! Comment as-tu pu déshonorer ton vieil âge, démentir tes publications si nombreuses, infirmer tes propres écrits, tant illustres et tant réputés ?

SOTIRIOS

Quoi qu'en pleine vieillesse et sur le tard, je suis content tout de même d'avoir trouvé la vérité.

ΙΩΑΝΝΙΣΚΟΣ

Σωτῆρι, ἄφσ' ἐμένα νὰ τὸν ὁμιλήσω. Αὐγουστῆ (καὶ δὲν ξεύρω τὶ ἐπίθετον νὰ σὲ δώσω) Αὐγουστῆ, πότε μὲ γέννηκες ἀπὸ τεχνίτης καὶ βάναυσος, σοφός, καὶ νομοθέτης τῆς γλώσσας μας ; ποιὸς σφύριξε στὸ νοῦ σου ν' ἀφήσῃς τὴν τέχνη σου, καὶ ν' ἀρχίσῃς νὰ δίδῃς συμβουλαῖς, πὼς πρέπει νὰ λαλῇ τὸ Γένος ; κᾶν αὑτὸς ὁ Σωτῆρις ἂν παραλαλοῦσε, παραλαλοῦσε μόνον εἰς ἕνα πρᾶγμα (ἀσθένεια φυσικὴ καὶ εἰς τοὺς πλέον ἐξόχους νόας) κατὰ τὰ ἄλλα πλὴν εἶναι τῷ ὄντι σοφός, καὶ ἀξιοσέβαστος. ἐσεῖς ὅμως ἐπακουμβῶντας εἰς τὴν ὑπόληψίν του, ἐκεῖνο ὁποῦ αὐτὸς μ' ὄχι πολλὴν βέβαια προσοχὴν ἐσχεδίασε σὰν μιὰν δοκιμὴν, ἐσεῖς τὸ δεχθήκετε σὰν μανιακοί, καὶ λέγε, λέγε καθεμέρα, τὸν ἐκάμετε νὰ τὸ πιστεύσῃ καὶ ὁ ἴδιος, καὶ τὸν ἐφέρετε εἰς μιὰν κατάστασιν ἀνάξιαν τῆς σοφίας του, καὶ τοῦ χαρακτῆρος του. νὰ ὁποῦ αὐτὸς τώρα, εὐθὺς ὁποῦ διέκρινε τὴν ἀλήθειὰ, τὴν ἐπροσκύνησ' εὐθύς, καὶ τὴν ἐλάτρευσε καθὸ μόνην Θεὰν σωστικὴν τοῦ ἀνθρωπίνου Γένους.

ΑΥΓΟΥΣΤΟΣ

Ἐγὼ ἓν ἐπαίρω ἀπὸ τὰ ὁποῖα λέγεις εἰς ἐμέ. ἐγὼ ὑπάγω τῇ ὥρᾳ καὶ σᾶς εἰσαγγείλειν θέλω εἰς τὸ κριτήριον διὰ νὰ παιδευθῆτε, καὶ ν' ἀνασκολοπισθῆτε διὰ παράδειγμα. ναί· ν' ἀνασκολοπισθῆτε, ν' ἀναπαλωθῆτε.

ΙΩΑΝΝΙΣΚΟΣ

Δέσετέ τον σφιχτὰ εἰς ἕναν στύλον : στουμπῶστε καλὰ τὸ στόμα του γιὰ νὰ μὴ φωνάζῃ.

(Ὁ Ἰωαννίσκος καὶ ὁ Μύκης πιάνουν τὸν Αὔγουστον καὶ τὸν δένουν χειροπόδαρα εἰς ἕναν . στύλον).

ΣΩΤΗΡΙΟΣ

Ἐγὼ λοιπόν, ἀγαπητέ μου Γιάνκο, διὰ ἀνταμοιβὴν εἰς ταῖς εὐεργεσίαις ὁποῦ μ' ἔκαμες, δὲν ἔχω ἄλλο τιμιώτερο πρᾶγμα νὰ σοῦ προσφέρω παρὰ τὴν κόρην μου. ἀπόκτησας μονάχος σου τὴν σχέσιν τοῦ εὐεργέτη πρὸς ἐμένα, σὲ δίδω κ' ἐγὼ τὴν σχέσιν τοῦ υἱοῦ. λάβε τὴν Ἐλέγκω μου διὰ γυναῖκα σου· αὔριο, ἂν θέλ' ὁ Θεός, θὰ σὲ στεφανώσω.

JOANNISKOS

Sotiri, laisse-moi le soin de lui parler. Avgousti (je ne sais vraiment par quel nom t'appeler), Avgousti, d'artisan et d'homme de peine que tu étais, depuis quand es-tu devenu savant à te permettre de légiférer en matière de langue ? Qui t'a mis dans la tête d'abandonner ton métier et de te mêler de conseiller la Nation sur la façon dont elle doit parler ? Si Sotiris, lui-même, divaguait, il ne le faisait qu'en un seul point (maladie naturelle à plus d'un esprit remarquable). Pour le reste, c'est un vrai savant et un homme respectable. Mais vous autres, vous appuyant sur sa réputation, vous avez accepté, en vrais maniaques que vous êtes, ce que lui nous a présenté, en réalité sans trop d'attention, que sous forme d'essai. Et, à force de le seriner matin et soir vous avez fini par lui faire croire à la vérité de son système et vous l'avez mis dans un état d'esprit indigne et de sa science et de son caractère. Mais voilà qu'à présent, apercevant enfin la vérité, il l'a tout de suite adorée, comme la seule déesse rédemptrice du genre humain.

AUGUSTE

Ce langage ne me touche pas. Je n'y entends rien. Je vais sur l'instant vous dénoncer au critérium afin que vous soyez mis à la torture, que vous soyez escartelés pour servir d'exemple. Je dis escartelés et espalés.

JOANNISKOS

Liez-le solidement à une colonne. Muselez-le, pour qu'il ne puisse plus crier.

SOTIRIOS

Mon cher Yanko, pour te récompenser de tes bienfaits, je n'ai rien de plus préceiux à t'offrir que ma fille. Tu as créé entre nous des liens de bienfaiteur à obligé. A mon tour, je crée celui de père à fils. Fais d'Elenco ta femme. Si Dieu le veut, je vous marie dès demain.

ΙΩΑΝΝΙΣΚΟΣ

'Η μόνη εὐτυχισμένη ὥρα ἀφ' οὗ ἔννοιωσα τὸν κόσμον, εἶν' αὐτή. ἐκέρδεσα διὰ τὸν ἑαυτόν μου τὸν μόνον ἐπιθυμητόν μου θησαυρόν, ἔγινα αἴτιος νὰ κερδέσῃ τὸ Γένος μου τὸν μό_ νον σοφὸν ἄνθρωπον ἐλευθερωμένον ἀπὸ τὴν μόνην σφαλερὰν πρόληψιν ὁποῦ εἶχε, καὶ τώρα κατὰ πάντα ἀξιόλογον καὶ ἀμώμητον. θὰ σὲ παρακαλέσ' ὅμως ἕνα πρᾶγμα.

ΣΩΤΗΡΙΟΣ

Τί ;

ΙΩΑΝΝΙΣΚΟΣ

Νὰ δώσοιμεν εἰς τὸν καϊμένον τὸν Μικὲ τὴν 'Απλοχερίτζα.

ΣΩΤΗΡΙΟΣ

Μάλιστα. αὔριο κ' ἐκεῖνος θέλει στεφανωθῇ. ὡς τόσο προ- σέχετ' ἐδῶ τὸν Αὐγουστῆ. κ' ἐγὼ πηγαίνω ἔξω διὰ νὰ κάψω τὴν στίβα τῶν Ἐφημερίδων τοῦ Ἑρμῆ.

(Φεύγει ἔξω).

ΜΥΚΗΣ

Γιὰ δέτενε τουτουννοῦ τοῦ κόσμου ταῖς δουλειαῖς ! ἂ δὲν λωλλαίννοντο οἱ 'Αρβανίταις, ἂν δὲν σκάλων' ἡ κατζουκλω- μένη κείννη λέξι 'ς τὸν λαιμμὸ τοῦ Σελεππῆ μου, ἒν ἔπηζ' ὁ νοῦς του, ἒν ἔπερν' ὁ Γιανουλλάκης τὴν Ἑλενιό, ἒν ἔπερνα 'γὼ τὴν 'Απλοχερίσσα μου.

JOANNISKOS

Depuis que j'ai senti ce monde, c'est mon premier moment de bonheur. Pour moi-même j'ai gagné un trésor, l'unique trésor que je désirais; et j'ai gagné à la Nation un savant, le seul qu'elle possédait, et, cette fois, libéré de l'unique préjugé faux qu'il avait, et en tout digne de respect et irréprochable. Rends-moi un service cependant.

SOTIRIOS

Lequel ?

JOANNISKOS

Accordons Aplocheritsa à ce pauvre Miké.

SOTIRIOS

Parfaitement. Lui aussi sera marié demain. Mais, en attendant, ayez l'œil sur Avgousti. Je cours brûler toute la pile des *Mercure Savant*.

(Il sort.)

MYKIS

Espiats-me (1) lous affas d'aqueste mounde. S'aquets pegas (2) d'Albanès bengouon pas furios (3), s'aquet mot cruchut (4) s'ero pas accruchat au gousier dè mon Meste, serè pas bengut (5) à la raisoun, Yannoulaki aoré pas esposat Lenio et jou n'aori pas esposat Aplocherissa...

---

(1) Voyez-moi. (2) Si ces toqués. (3) N'étaient pas entrés en furie. (4) Crochu. (5) Venu.

ERRATA

<table>
<tr><td>Page</td><td>28,</td><td>ligne</td><td>18,</td><td>lire</td><td>orthographe, au lieu de ortographe.</td></tr>
<tr><td>—</td><td>53,</td><td>—</td><td>23,</td><td>—</td><td>arrête au lieu de arrêtes.</td></tr>
<tr><td>—</td><td>57,</td><td>—</td><td>19,</td><td>—</td><td>prie, au lieu de pris.</td></tr>
<tr><td>—</td><td>59,</td><td>—</td><td>20,</td><td>—</td><td>se rengorge, au lieu de rengorge.</td></tr>
<tr><td>—</td><td>63,</td><td>—</td><td>3,</td><td>—</td><td>sont, au lieu de ce sont.</td></tr>
<tr><td>—</td><td>69,</td><td>—</td><td>5,</td><td>—</td><td>vous autres, au lieu de nous autres.</td></tr>
<tr><td>—</td><td>81,</td><td>—</td><td>6,</td><td>—</td><td>quel, au lieu de que.</td></tr>
<tr><td>—</td><td>91,</td><td>—</td><td>2,</td><td>—</td><td>fâche pas, au lieu de fâches pas.</td></tr>
<tr><td>—</td><td>—</td><td>—</td><td>20,</td><td>—</td><td>Thucydide, au lieu de Thucylide.</td></tr>
<tr><td>—</td><td>—</td><td>—</td><td>30,</td><td>—</td><td>ligne 32, puis 31.</td></tr>
<tr><td>—</td><td>107,</td><td>—</td><td>14,</td><td>—</td><td>illustres, au lieu de illustrent.</td></tr>
<tr><td>—</td><td>115,</td><td>—</td><td>3,</td><td>—</td><td>saurai, au lieu de saurait.</td></tr>
<tr><td>—</td><td>—</td><td>—</td><td>5,</td><td>—</td><td>endama, au lieu de endamna.</td></tr>
<tr><td>—</td><td>119,</td><td>—</td><td>1,</td><td>—</td><td>sens, au lieu de sans.</td></tr>
<tr><td>—</td><td>131,</td><td>—</td><td>31,</td><td>—</td><td>précieux, au lieu de préceiux.</td></tr>
</table>

Imprimerie « AGON » — 143, Rue d'Alésia – P A R I S